Teorías de la Conspiración

Teorías de la Conspiración

Robin Ramsay

Grupo Editorial Tomo, S.A. de C.V.
Nicolás San Juan 1043,
03100, México, D.F.

1a. edición, septiembre 2007.

© *Conspiracy Theories*
Copyright © Robin Ramsay 2006
This edition published in 2006 by Pocket Essentials
P.O. Box 394, Harpenden, Herts, AL5 1 XJ, UK

© 2007, Grupo Editorial Tomo, S.A. de C.V.
Nicolás San Juan 1043, Col. Del Valle
03100 México, D.F.
Tels. 5575-6615, 5575-8701 y 5575-0186
Fax. 5575-6695
http://www.grupotomo.com.mx
ISBN-13: 978-970-775-302-0
Miembro de la Cámara Nacional
de la Industria Editorial No. 2961

Traducción: Roberto Mares
Diseño de portada: Karla Silva
Formación tipográfica: Lorenza Cecilia Morales Urquiza
Supervisor de producción: Leonardo Figueroa

Índice

1. El mundo no es así

El *boom* de las teorías de la conspiración que se ha desatado en los últimos años no da muestras de estarse diluyendo; así lo confirman los más de veinte millones de ejemplares de la novela de Dan Brown *El código da Vinci* que se ha vendido en todo el mundo. El hecho de que una obra de ficción que recrea un mito conspiratorio y alude a una secta inexistente pueda generar tal furor es un signo inequívoco de que las ideas respecto de conspiraciones se encuentran en un primer plano en el interés popular.

Comentaristas de todo el mundo han hablado sobre este tema; Polly Toynbee, en un artículo publicado en *The Guardian*, nos previene de la naturaleza perniciosa de tales mitos. Yo estoy de acuerdo con ella; estas ideas son "perniciosas"; aunque debo decir, para no traicionar mis ulteriores argumentaciones, que solamente *algunos* de esos mitos son dañinos. Aquellas propuestas que interpretan los acontecimientos significativos de la historia o la política como el resultado de secretas maquinaciones de grupos –judíos, masones, etc.– son a todas luces perniciosos. Antes de la exitosa novela de Dan Brown ocurrieron los atentados del

11 de septiembre de 2001, lo que desató una verdadera oleada de ideas conspiratorias a través del "ciberespacio", y antes de esto, los famosos *Expedientes X*, a mediados de los 90, contribuyeron a fijar en la cultura popular un nuevo estilo de mitología. Fueron estos los tres principales elementos que se distinguen en el desarrollo de la moderna mitología de la conspiración, y dos de estos hechos son obras de ficción.

La principal característica de esta manera de interpretar las cosas es la tendencia a asumir que tanto la muerte de ciertos personajes como aquellos eventos históricos de particular relevancia son el resultado visible de una conspiración, o que los eventos mismos conforman una conspiración.

Tomemos como ejemplo la muerte de la princesa Diana. Después del accidente siguió un conjunto de especulaciones tendientes a descubrir una conspiración detrás del hecho. Tal vez el principal promotor de esta tendencia fue el propio padre de Dodi Fayed, Mohammed El Fayed, lo que resulta muy comprensible en un padre que se encuentra en duelo y que, además, puede gastarse una gran cantidad de dinero para clarificar tanto los hechos como sus propias emociones al perder un hijo y a su extremadamente glamorosa prometida de manera súbita, en un misterioso accidente automovilístico. Las inquietudes de Fayed fueron apoyadas por algunos de los seguidores de un personaje llamado Lyndon LaRouche Jr., un reconocido teórico de las conspiraciones americano, de quien hablaré más adelante, quien tiene por costumbre sospechar la diabólica injerencia de la familia real británica en muchos de los problemas del mundo. Para los seguidores de LaRouche es una creencia casi axiomática que la familia real mandó matar a Lady Di. Estos teóricos se apoyan en las declaraciones de Richard Tomlinson, quien fuera miembro de un programa británico al que llamaron M16, en el que, según Tomlinson, la Inteligencia británica había planeado matar al líder serbio Slobodan Milosevic, interceptando su automóvil en un túnel y usando una luz muy brillante para desorientar al conductor de su auto, con lo que éste se estrellaría. En el caso de Lady Di, un testigo parisino reportó haber visto un "flash" un momento antes del accidente. Recientemente, Annie Machon, antigua oficial de Inteligencia, declaró que ella y su compañero, David Shayler, sospechaban que el M16 había participado en el accidente de Di y su novio, aunque no aportaron ninguna prueba.[1] También se dijo que el conductor del auto de la pareja, Henri Paul, había recibido fuertes cantidades de dinero, supuestamente provenientes de M16[2]; además de que el fotógrafo James Andanson, sospechoso de haber sido el conductor del Fíat blanco que fue visto cerca del lugar del accidente, murió de manera por demás extraña.[3]

A pesar de que el asunto ya pasó de moda y a los medios no les interesa la historia, en varios sitios de Internet todavía se especula acerca de la muerte de Lady Di. El veredicto de "no conspiración" de la policía francesa, y el resultado concluyente de la investigación británica del asunto, que también afirma la no existencia de tal conspiración, no han desanimado a los teóricos de la conspiración[4], pues todavía existen cabos qué atar para mantener la emoción acerca del caso.

En 1999 muere en un accidente de aviación John F. Kennedy Jr., a pesar de que se trata de un personaje relativamente poco interesante para el público, de inmediato surgen puntos de especulación conspiratoria, que van desde lo más simple, como algunos datos de testigos que no se informaron en los medios, hasta las más complejas maquinaciones que interpretan la muerte de John como una conspiración para evitar que él llegara a la presidencia de los Estados Unidos, dado que en algunas ocasiones había expresado su intención de llegar a postularse.

El atentado en contra del ex Beatle George Harrison, perpetrado por un enfermo mental obsesionado por los Beatles, casi de inmediato produjo un libro que es un verdadero monumento al sinsentido, llamado *El atentado a Harrison y el simbolismo masónico*, en el que se lee lo siguiente:

Si tomamos en cuenta el papel central que jugaron los Beatles en los experimentos sociales masivos que llevó a cabo el Instituto Británico Tavistock, conjuntamente con agencias de Inteligencia tales como CIA, NSA y las agrupaciones inglesas M15 y M16, podemos inferir que tanto Harrison como Lennon NO fueron víctimas de actos de absurda violencia... Afirmamos que existen grandes probabilidades de que Harrison fuese atacado por las mismas fuerzas que mataron a Lennon, utilizando al asesino Mark David Chapman, a quien se lavó el cerebro con las técnica de Manchuria, siendo éste un asesino estilo "Candidato". *

---

* *Se refiere a la cinta estadounidense* El candidato de Manchuria, *en la que se presenta el caso de un hombre al que se le hace un trabajo psicológico para convertirlo en un sicario inconsciente.* N.del T.

Este acertijo me pareció interesante debido a su referencia al Instituto Tavistock de Londres. En los complicados vericuetos de la mitología conspirativa americana con frecuencia se alude al supuesto papel del Tavistock en los acontecimientos subversivos ocurridos en los Estados Unidos durante los años sesenta; pero yo nunca había comprendido qué había hecho este Instituto para merecer esta reputación. Esta obra acerca de Harrison me dio una buena pista; sigue diciendo:

> *De hecho, el asesinato de Lennon ocurrió poco después de que él concedió una entrevista a Playboy, en la cual él sugiere que los Beatles fueron utilizados como parte de un experimento masivo de ingeniería social, tendiente a crear mecanismos de control, lo que fue manejado por el Instituto Tavistock y las agencias de Inteligencia, con la deliberada finalidad de introducir el uso del LSD en el seno de la "contracultura" en las décadas de los sesenta y setenta. El número de la revista Playboy fue publicado poco tiempo después de la muerte de Lennon.*

El leer esto me puso a pensar muy seriamente. Si John Lennon realmente hubiera dicho algo como aquello la declaración hubiera sido como una bomba en todo el mundo, y yo no tenía recuerdo alguno de aquel estallido, por lo que simplemente deduje que Lennon no había dicho eso. Sin embargo, me di a la tarea de buscar por Internet el citado artículo en la revista *Playboy*, y allí Lennon no hacía la mínima mención del Instituto Tavistock, o de la operación que revelaba en su texto aquel anónimo mitólogo de la conspiración.[5]

Cuando uno habla de las teorías conspiratorias a manera de mitos es porque los términos se perciben como negativos, a partir de la observación de un verdadero alud de esta clase de manifestaciones que actualmente se difunden por Internet; la mayoría de estas historias son recientes, pero algunas tienen raíces históricas. Para la mayoría de los intelectuales del mundo occidental, para los políticos, los académicos, los periodistas, y para la mayoría de los marxistas y socialistas, los "mitos conspiratorios" no solamente significarían una "teoría acerca de la creencia en una conspiración", sino algo más profundo y más negativo; como si la interpretación de la historia fuese poco razonable y, en el peor de los casos, "mito de conspiración" evoca una forma ideológica en la que se arguye que todo es el *resultado de*, o todo es *controlado por X*. En los pasados 300 años, en diferentes épocas, esta "X" han sido los judíos (o los banqueros judíos), los masones, los católicos, los comunistas, los "iluminati", o el mismo Diablo. Más recientemente han aparecido muchas teorías conspiratorias en las cuales la X se identifica con la familia real británica[6], Aristóteles Onasis,[7] el "Comité de los 300"[8], o el ejército estadounidense aliado con potencias extraterrestres.[9]

Esta clase de teorías reduccionistas, que lo explican todo a partir de la propuesta de la conspiración tienden a desconfigurar la ortodoxia del pensamiento occidental, basado en la razón, llevándolo al absurdo. Por supuesto, comprendemos que los movimientos históricos son procesos complejos, por lo que no pueden ser explicados por la acción de pequeños grupos de conspiradores, que podrían ser judíos banqueros o sectas masónicas. El mundo simplemente no es así. Pero todo puede ser reinterpretado de diferente manera, y el mito fácilmente se puede convertir en teoría de la conspiración, lo que hace que se adopte una postura generalizadora, como lo es la "Gran conspiración judía", que tuvo muchos creyentes fervorosos, incluyendo, por supuesto, a Adolfo Hitler en primer lugar. Cuando se dice que alguien es un teórico de la conspiración no dejan de evocarse los campos de concentración, las cámaras de gases y la insana obsesión de Hitler respecto de los judíos.[10] El resultado de esa clase de interpretaciones delirantes de la historia es la virtual prohibición de la palabra "conspiración" en la política o la historia académicas. Para las personas con cierta influencia social –profesionistas, académicos, políticos, etc.–, hablar en términos de "conspiración" podría interpretarse como la defensa de las teorías de la conspiración, con lo que la persona quedaría "satanizada", lo que en términos intelectuales sería el equivalente a ser un pedófilo o algo igualmente perverso.

Consecuentemente, uno de los pilares de la ideología en las democracias liberales es el acuerdo tácito de que cualquier teoría que alude a una conspiración está equivocada, y que aquellos que creen en eso son, cuando menos, incompetentes mentales. Esta verdad incuestionable se manifiesta en frases como: "Una vez más, el relativismo político se ha puesto en evidencia". La creencia en el "relativismo" político y una suerte de azar en la historia es la esencia de la sofisticación en la interpretación social en las democracias liberales. La expresión pública del relativismo histórico es una muestra de que uno es un intelectual serio y consciente de la inevitable complejidad del "mundo real", y también consciente de la inevitable incompetencia de los seres humanos para hacer la historia. La idea que subyace en todo esto es que solamente los simplones e ignorantes creen que el mundo puede ser explicado con el modelo de la conspiración.

Existen algunos exponentes de la propuesta clásica de la conspiración totalizadora y reduccionista, como Nesta Webster,[11] la Sociedad John Birch,[12] Gary Allen,[13] Lyndon LaRouche, y los variados grupos neo-fascistas que todavía defienden la teoría de la Gran conspiración judía. Podríamos afirmar que estas instancias y personas están equivocadas, pero no porque consideren que pequeños grupos o sectas influyen en la historia; después de todo ésta no es una idea descabellada; la verdad es que grupos reducidos de personas sí han tenido, o tienen, influencia en la historia, habría que pensar en Lenin y los bolcheviques, o los grandes financieros de la *City* de Londres, o Bill Gates y sus colegas de *Microsoft*... No es eso lo que desacredita a los defensores de las conspiraciones, sino el manejo de información falsa y una pobre –o no existente– atención a la evidencia y a la lógica de la inferencia.

Por ejemplo, la creencia de que fondos de Wall Street se derivaron para apoyar la revolución bolchevique es uno de los temas fundamentales de Gary Allen, de la Sociedad John Birch y de muchos personajes de la Derecha americana. Tal vez eso sea verdad; yo no me he tomado el trabajo de verificarlo en lo referente a las partidas especiales de posible financiamiento; pero también es un hecho que inversionistas británicos y americanos estaban ya operando en Rusia treinta años antes del golpe bolchevique en 1917, por lo que no es de sorprenderse que muchos grandes financieros en Europa, sin duda algunos de ellos judíos, estuvieran involucrados en los acontecimientos. Cuando el propio gobierno alemán, durante la Primera Guerra Mundial, apoyó abiertamente al grupo de revolucionarios con Lenin a la cabeza, fue porque veían la posibilidad de que ellos pudieran desestabilizar Rusia, acaso tomar el gobierno y con ello salvar a los alemanes de tener que combatir en dos frentes. No es, por tanto, extraño que parte del financiamiento de esos grupos revolucionarios saliera de las arcas de banqueros que no eran necesariamente germanos, y que seguramente eran judíos. Pero los defensores de la conspiración judío-bolchevique no toman en cuenta estos factores, y concluyen apresuradamente, sin mayor evidencia, que los financieros de Wall Street eran un montón de "rojos" (o judíos, o "judíos rojos").

Otro ejemplo: Es posible que sea verdad lo que dice Nesta Webster, que los masones tuvieron una gran injerencia tanto en la Revolución Americana como en la Francesa. Esta propuesta se apoya en cierta evidencia.[14] Pero la señorita Webster no aporta muchas pruebas en sus libros, ni nos dice mucho del verdadero poder de los masones en los años 20, época de análisis en sus obras, con lo que tampoco podemos inferir la trascendencia del poder masónico hasta nuestros días.

Un ejemplo más: Es indudablemente cierto que la política internacional de los Estados Unidos y la Gran Bretaña llevan una línea común, basada en las cercanas relaciones entre el Instituto Real de Asuntos Internacionales, en Chatham House, en Inglaterra, y la Oficina de

Relaciones Exteriores de los Estados Unidos, lo que ha dado lugar a una política afín, especialmente en la Segunda Guerra Mundial. Esto es algo demostrable con o sin la interpretación de Carroll Quingley respecto de lo que él llama la "Mesa Redonda (que trataré más adelante). De cualquier manera, esto no tendría por qué dar sustancia a las fantasías de la organización que maneja La Rouche, quien enhebra las teorías de Quingley en una historia que es emocionante, pero absurda, en la cual se dice que la Gran Bretaña controla a los Estados Unidos, que la familia real británica maneja el tráfico internacional de drogas, que organizó el asesinato de John F. Kennedy y otras cosas más.[15]

La aversión a hablar de conspiraciones por parte de los intelectuales respetables es comprensible, pero hasta cierto punto. ¿Quién quisiera que se le asociara con la clase de patrañas difundidas por gente como LaRouche, o con otros que piensan que el mundo está siendo controlado por bandoleros extraterrestres?... Sin embargo, esta legítima y comprensible alergia a las "mega conspiraciones", llega al grado de la irracionalidad al adherirse a la generalizada prohibición de hablar del fenómeno mismo de la conspiración. El historiador norteamericano Jeffrey Bale, habla de las reacciones del mundo académico cuando se habla de las conspiraciones:

Muy pocas nociones generan tal resistencia intelectual, hostilidad y aversión dentro de los círculos académicos como la creencia en la importancia histórica de las conspiraciones políticas. Incluso cuando esta creencia es expresada de una manera muy prudente, limitada a contextos específicos, es fundamentada con datos confiables y apoyada con toda clase de razonamientos, se considera que rebasa los límites de un discurso aceptable y viola los clásicos acuerdos y tabúes académicos. La sola mención de la palabra "conspiración" pone a sonar todas las alarmas que hacen a los universitarios cerrar sus mentes como para rechazar toda "disonancia cognitiva" y una posible sensación de incomodidad, dado que la imagen popular de la conspiración violenta y transgrede los sofisticados conceptos que la gente educada cultiva para interpretar lo que pasa en el mundo, y de alguna manera les recuerda la represión y horrenda persecución a que han dado lugar en el pasado muchas teorías conspiratorias absurdas y completamente infundadas. Es tan fuerte el prejuicio al respecto entre los académicos que incluso cuando se presenta la clara evidencia de un complot durante el curso de sus investigaciones, se sienten desconcertados y tienden a desarrollar algunas formas de crítica anticipatoria, para protegerse de futuros ataques y dejar bien sentado que ellos descartan la creencia en las conspiraciones. Incluso ellos mismos, con frecuencia, intentan encubrir el descubierto complot, o por lo menos minimizar su significación, pues hacer de otra manera, es decir, incorporar en su investigaciones los datos documentados de las actividades de los conspiradores, les causaría una extraña sensación de estrechamiento de sus horizontes mentales y la posibilidad de que en ese camino pudieran verse forzados a entrar en temas políticos particularmente sórdidos y ciertamente delicados. La mayoría de los investigadores académicos prefieren simplemente evadir las implicaciones de la política conspiratoria antes que aceptar el reto de manejar una materia tan controvertida.[16]

Algo similar ocurre en los mundos de la política y del periodismo. En 1986 me di cuenta de ello, cuando entablé correspondencia con Colin Wallace, quien cursaba una condena en la cárcel de Lewes. Wallace había trabajado como oficial de información para el ejército británico en Irlanda del Norte, más tarde se le asignó a un sistema de operaciones psicológicas, y fue en esta función que se dio cuenta de ciertos "manejos sucios" que se hacían en Irlanda del Norte, y también conoció los planes de la famosa Sección M15, de la Inteligencia británica, para intervenir en lo que sería el gobierno laborista de Harold Wilson. Cuando Wallace hizo algunas declaraciones públicas respecto de Wilson fue acusado de difamación, encontrado culpable y sentenciado a diez años de prisión.

A finales de 1986, poco antes de que Wallace saliera de la cárcel, Steve Darril, quien era mi colega en la revista *Lobster*, y yo, tratamos de despertar el interés de los medios en la historia de Wallace. Se nos invitó a entrevistarnos con los productores del noticiero *Newsnight*. Al informar a Wallace acerca de esto, él nos dijo que en el programa de operaciones psicológicas, y específicamente en la sección de "Política Informativa", había trabajado con Alan Protheroe, quien, doce o trece años más tarde, en 1986, se había convertido en asistente del Director General de la BBC, donde era llamado "Coronel". Sin embargo, Protheroe no había dejado del todo su relación con el servicio de Inteligencia y se especializaba en las relaciones entre los medios masivos y los militares. El hecho de que el asistente del Director General de la BBC fuese a su vez un agente especializado en operaciones psicológicas en sus ratos de ocio, con todo lo que ello implica en lo referente a contactos con la Inteligencia militar británica..., bueno, hasta un ciego podía "ver" los vericuetos de la situación. Los periodistas con los que habíamos hablado hasta el momento evidentemente no sabían nada de Wallace y de su labor en la sección de política informativa en Norirlanda. Pero Protheroe sí lo sabía. Así que, en la siguiente entrevista, nosotros dijimos a la gente de *Newsnight* algo como esto: "Protheroe es un 'soplón'; es probable que él trate de boicotear cualquier presentación que tenga que ver con Wallace". ("Soplón", en ese contexto, es alguien que no es propiamente un oficial de Inteligencia, pero que está relacionado con ellos). "¿De verdad? —dijeron los periodistas— En realidad las cosas no son así en la BBC"..., y simplemente no hicieron caso de lo que les habíamos dicho.

Posteriormente, un reportero de *Newsnight* entrevistó a Wallace el día en que salió de la cárcel; esta nota pasó apresuradamente en el último minuto del noticiero. Yo estaba viendo el programa y pude darme cuenta de la confusión que había en el estudio y de la inquietud del presentador, quien probablemente estaba recibiendo instrucciones mientras el segmento estaba en el aire. Más tarde nos enteramos de que Protheroe realmente había intentado sabotear la entrevista de Wallace, pero ya a destiempo, pues en la BBC no se le había dado mucha importancia al asunto, lo que hace pensar que no se le había informado del asunto. La intervención de Protheroe fue confirmada cuatro meses después en el *Sunday Times* (5 de abril de 1987), siendo la fuente del diario un ejecutivo de *Newsnight* que había dejado el noticiario. La BBC negó haber realizado tal entrevista a Wallace; pero cuando la historia volvió a salir a la luz, en enero de 1990, la BBC utilizó algunas secuencias de la "inexistente" entrevista en el propio noticiero para ilustrar sus notas.

Aquella respuesta de la gente de *Newsnight*: *Las cosas no son así en la* BBC, resultaba ahora, por lo menos, ingenua. No pasó más de un año para que se revelaran algunos hechos que despertaron el interés de los medios en el sentido de que la BBC estaba infiltrada por la M15, e informes de primera mano dieron fe de que en realidad las cosas "sí eran así" en la BBC. Cuando tuvimos aquella plática, ellos hubieran podido responder algo como "¡Protheroe no es un soplón!", o siquiera algo como "Eso suena extraño para nosotros, pero lo tendremos presente y vamos a investigar". Respuestas de este tipo hubieran representado una postura racional, pero en vez de ello prefirieron desacreditar de entrada lo que habíamos dicho, pues ellos interpretaron nuestro informe como perteneciente a la más despreciable de las categorías intelectuales: la teoría conspiratoria.

Pero, hablando objetivamente, nosotros señalamos solamente tres cosas:

1) Protheroe es un agente de "medio tempo" de los servicios de Inteligencia.

2) En esta función, él sabe lo que hacían Wallace y la sección de Política Informativa en Irlanda del Norte.

3) Dado que el trabajo de Wallace y la función de Política Informativa son negados enfáticamente por el gobierno británico, en nuestra opinión es posible que Protheroe intente sabotear la salida al aire de cualquier declaración de Wallace.

A pesar de todo, estas simples y razonables propuestas despertaron en la mente de nuestros interlocutores el estereotipo: *¡Vaya!... estamos tratando con esa clase de gente que ve conspiraciones en todos lados.*

No es exagerado decir que es extremadamente aversivo hablar de conspiraciones, especialmente entre los periodistas, a pesar de que es claro y lógico que constantemente se producen conspiraciones políticas que van desde las más triviales hasta las de gran envergadura y trascendencia. Nadie podría negar que esto es frecuente en las actuales sociedades industrializadas. Podríamos afirmar, por ejemplo, que la política interna de los partidos es básicamente conspiratoria; se producen toda clase de injerencias planeadas y complots de grupos para infiltrarse en ciertas comisiones, secciones, cabildeos, etcétera. Hablando de la política inglesa, podríamos citar, por ejemplo, las reuniones secretas de un grupo de miembros del Partido Laborista que, en 1980, planearon pasarse al partido Social Demócrata. En la elección de 1980 para definir al líder del Partido Laborista hubieron dos candidatos: Michael Foot, quien representaba a la izquierda, y Denis Healey, candidato de la derecha y el centro. Este grupo de laboristas planeaban pasarse a la oposición en virtud de que pensaban que Michael Foot había girado demasiado a la izquierda; fue por ello que se pusieron de acuerdo y votaron por Denis Haley, lo que inclinó la balanza en favor de la derecha. La fuente de esta anécdota fue uno de los "conspiradores", Neville Sanderson, quien más tarde dijo: *Nosotros debíamos hacer aquel trabajo. Era muy importante que el Partido Laborista, tal como se encontraba en aquellos momentos, fuera eliminado.*[17] La derecha también decidió que el laborismo perdiera las elecciones en 1983,[18] lo que hizo que el Partido se inclinara todavía más a la izquierda, lo que, según varios comentaristas, lo condenó al ostracismo político desde 1982 hasta 1997; esto, en gran parte, fue el resultado de dos grandes conspiraciones perpetradas por el ala conservadora del propio partido.

En un nivel menos espectacular, pero más común, se presentan las "pre-reuniones", antes de las reuniones oficiales, de los partidos políticos; esto es, y ha sido siempre, una política de rutina. En cualquier sistema parlamentario, los partidos están siempre divididos en facciones, algunas más o menos abiertas y conocidas, pero otras completamente clandestinas. Por ejemplo, en el Partido Tory de los ochenta, liderado por Margaret Thatcher, la facción más importante era el llamado grupo de los 92, el cual, incluso después de que se reportó su existencia, en 1986, prácticamente no fue objeto de comentarios en los medios de comunicación social.[19] El grupo de los 92 se reunía en privado con la finalidad de buscar los medios para influir en las decisiones políticas. En 1999, Paul Flynn escribió un libro acerca de las maquinaciones del Partido Laborista en Gales, en cuyo subtítulo aparece la palabra proscrita: *A New Labor Conspiracy* (Una nueva conspiración laborista).[20]

La conspiración es lo normal en la política

Aquello que debiéramos dejar sentado al tratar el tema de la política es que no hay exageración alguna en llamar a las cosas por su nombre; como dijera Carl Oglesby, el escritor y activista americano de gran influencia en los sesenta y setenta, *la conspiración es algo normal en la política, y se lleva a cabo por medios normales.*[21] Incluso podríamos extender su definición al campo de las relaciones internacionales, en el que el manejo del secreto en la diplomacia, y sobre todo en los servicios de Inteligencia es fundamental.[22] Sin embargo, esta definición, por elemental que parezca, podría ser rechazada, e incluso ridiculizada, por las elites de la política y del intelecto, pues en estos medios tan sofisticados se demanda el ejercicio de una especie de "satanización ritual" de cualquier mención de la conspiración, no solamente de aquellas que tienden a explicarlo todo a partir de esta teoría, sino cualquier análisis que la incluya.

Las muy respetables "clases pensantes" de los Estados Unidos e Inglaterra rechazan toda referencia a la conspiración, en primer lugar porque entra en conflicto con los modelos de análisis sociohistórico que se les enseña en las universidades, y también porque la promoción y avance en sus carreras, ya sea en la política, la academia o los medios puede verse entorpecida si se les atribuyen opiniones radicales o desviaciones intelectuales.

Esta hostilidad a las teorías conspiratorias se fundamenta en dos premisas falsas: La primera de ellas es la creencia en la gran complejidad de los procesos sociales y políticos, en contraste con la *supuesta* simplicidad de una explicación que incluye el "elemento conspiración". Esto es falso porque, con excepción de algunas pequeñas minorías que explican el todo por la parte, nadie en su sano juicio actualmente expresa que un fenómeno complejo pudiera ser cabalmente explicado por una simple conspiración. En muchos casos, lo que pudiera ser llamado *investi-*

gación de la conspiración, en contraposición de *teoría* de conspiración, resulta mucho más compleja y exhaustiva que aquella versión expresada por las clases intelectualmente respetables. Por ejemplo: la investigación en torno a la supuesta conspiración en la muerte de John F. Kennedy ha generado cientos de libros, una gran cantidad de artículos, una media docena de estudios serios, millones de páginas de documentos desclasificados por el gobierno americano y miles de páginas de Internet.[23]

La segunda premisa falsa es que la interpretación de los hechos se presenta como una dicotomía, esto es, como la necesidad de elegir entre un modelo o el otro, siendo mutuamente excluyentes: si hay conspiración, automáticamente se excluye la explicación histórica, y viceversa. Pero la verdad es que la realidad misma nos confirma ser una complicada mezcla de ambas cosas. El asunto *Watergate*, por ejemplo, contiene un cierto número de conspiraciones concretas: la formación de un grupo secreto de "plomeros" en la Casa Blanca, dedicado a actividades ilegales, como el espionaje en las oficinas del Partido Demócrata, y otras cosas propias de la "plomería", que finalmente se le salieron de las manos al propio Nixon cuando se grabaron y difundieron algunas conversaciones privadas suyas. Curiosamente, aun en estos casos se ha optado por la explicación del "error humano", lo que descarta de hecho la conspiración. Otro "error" se produjo cuando se descubrió el plan "Irán-Contras", a consecuencia de que el avión en que se transportaban en secreto los implementos de ayuda para los "Contras" en Nicaragua fue derribado. Uno de los tripulantes sobrevivió, y, contrariamente a lo que se podría esperar de una operación clandestina, llevaba encima documentación que relacionaba toda la operación (muy secreta) con la Casa Blanca, toda ella orquestada por el entonces desconocido coronel Oliver North.[24] Toda la operación que había realizado North en los sótanos de la Casa Blanca se puso al descubierto cuando cientos de mensajes enviados y recibidos por *e-mail*, que él creía haber borrado al presionar la tecla *erase* de su computadora, misteriosamente, reaparecieron.

La alusión a un "mito de conspiración histórico", que es un lugar común para nuestros respetables académicos y políticos, normalmente es algo más que una simple descalificación o ritual de satanización, también es una suerte de mitología creada por una persona o un grupo. En una perspectiva más racional es aceptable el considerar que hay influencias clandestinas —conspiraciones— que existen y funcionan en la realidad social. Por supuesto, no se trata de la ridícula propuesta de los complots para el control del mundo que se atribuyen a los masones, o a los "iluminati", a los banqueros judíos, a los extraterrestres o grupos de esta índole; pero sin duda existen otras influencias más mundanas que actúan en la sociedad, como agencias de Inteligencia que manipulan asuntos domésticos e internacionales, o grandes empresas que influyen en la orientación de políticas gubernamentales por medio de anónimas donaciones a personas influyentes o partidos políticos, o por el llamado "cabildeo".[25]

En realidad, lo absurdo sería el negar la existencia de conspiraciones políticas, muchas de ellas a gran escala; sobre todo conociendo la vasta red de acción de organizaciones como la CIA o la KGB, que de hecho trabajan precisamente en el terreno de la conspiración.

La irracionalidad de la teoría conspiratoria simple y totalizadora contrasta con la racionalidad del punto de vista convencional en el que se considera la complejidad de los fenómenos sociales. Esta perspectiva revela el concepto de "pluralismo", que es el modelo político dominante en las democracias liberales; esta es la manera como nuestra sociedad se retrata a sí misma. Pluralismo, como sugiere el propio término, señala una sociedad compleja, compuesta por un gran número –una pluralidad– de grupos e intereses luchando entre sí para lograr posiciones que les permitan ejercer un cierto grado de poder: uniones, sindicatos, grandes capitalistas, asociaciones comerciales, organizaciones civiles, banqueros, burócratas, etcétera. Este punto de vista es evidentemente cierto en lo general, pero no aporta más claridad que esa misma generalización, lo que no nos dice cuáles de estos grupos, dentro de los muchos que existen, tienen el poder, y tampoco nos da cuenta de cómo y para qué usan ese poder. Las preguntas más interesantes comienzan allí donde termina la teoría del pluralismo.

El concepto de pluralismo se popularizó en los cincuenta, como efecto ideológico de la posguerra, siempre en función de la tensión frente al poderío de la Unión Soviética. Se decía que ellos tenían una dictadura, y nosotros una democracia; ellos tenían una policía secreta represiva, nosotros un sistema parlamentario. Eran los "rojos" los que conspiraban. Esto fue lo que creó el patrón ideológico en los primeros 25 años de la Guerra Fría, cuando las organizaciones secretas de las democracias occidentales eran todavía más o menos secretas. Pero después, en los siguientes 25 años, cuando tales organizaciones dejaron de ser secretas, la idea del pluralismo también dejó de tener sentido. En Inglaterra, por ejemplo, algunos grupos dentro de nuestro "pluralismo" son agencias estatales –las fuerzas armadas, el M15, el M16, los Servicios Especiales y la GCHQ, por ejemplo– cuyas actividades ya no son para nada secretas, y son intrínsecamente conspiratorias. El Estado británico está sostenido por grupos de conspiradores oficiales acerca de los cuales al ciudadano común se le da muy poca información. Particularmente en los casos de la Inteligencia, Seguridad y Servicios Militares, las personas ordinarias no saben prácticamente nada. El estudio de las actividades de organizaciones como la CIA o el M15 no son muy diferentes de la creencia en teorías conspiratorias como las de los judíos o "iluminati"; sin embargo, son esencialmente distintas. El escritor inglés Antony Summers explica esta diferencia de una manera muy acertada cuando dice que él no se interesa en teorías conspiratorias, sino en teorías acerca de las conspiraciones.

Uno de los comentaristas más agudos del fenómeno de la conspiración es el autor americano Anton Wilson;[26] él escribió lo siguiente:

Como dice y documenta Edward Luttwak, en su encantador y maquiavélico texto The Coup d'Etat, *desde la Segunda Guerra Mundial muchos más gobiernos han sido derrotados por el Golpe de Estado que por cualquier otro método. Han sido muchos más gobiernos los que han sido cambiados por "Golpe" que por todas las elecciones democráticas y todas las revoluciones juntas. Y puesto que cada Golpe es por definición una conspiración, ésas han tenido un mayor efecto en los últimos 40 años de la historia del mundo que la política electoral y las revoluciones populares. Esto es particularmente repulsivo en un periodo histórico en el que la opinión "educada" sostiene que es infame, excéntrico y francamente paranoico, el atribuir los cambios políticos a la conspiración. En efecto, se nos prohíbe pensar acerca de la manera real como está gobernado el mundo.*[27]

Es claro que el entusiasmo retórico de Wilson lo lleva a la exageración; pero su punto de vista es correcto en lo general. Lo misterioso de estas cosas no es que algunos "pobres tontos equivocados" insistan en ver conspiraciones por todos lados, sino, por el contrario, que durante tanto tiempo, tantas personas aparentemente inteligentes –por ejemplo, la mayoría de los periodistas y científicos sociales de Estados Unidos e Inglaterra– hayan manejado sus análisis como si no hubieran notado que la conspiración es un hecho cotidiano, y ciertamente es una parte importante del fenómeno que ellos estudian. Me permitiré dar algunos ejemplos:

Desde su formación, en los años veinte, hasta su disolución hace unos quince años, una organización inglesa llamada Liga Económica, recolectó y gastó, a valor actual, millones de libras cada año en su lucha en contra de la izquierda británica. En esta organización se producía propaganda, se imprimían panfletos, se introducían artículos en revistas y diarios, se pagaban conferencistas de tiempo completo, se impartían cursos y se hacían largas listas de personas "subversivas", mismas que se enviaban a empresarios y toda clase de empleadores, quienes estaban suscritos a este servicio y pagaban una cuota anual. Esta organización manejaba un presupuesto similar al del Partido Conservador; sin embargo, no se conoce un solo ensayo académico o investigación periodística acerca de la Liga Económica desde su formación hasta 1988.[28] Cualquier análisis de la historia política de Inglaterra en el siglo XX estaría incompleta si no se toma en cuenta la Liga Económica; pero la verdad es que el tema se ha soslayado.

Pero hay otro ejemplo todavía más significativo. Sucede que el análisis ortodoxo en los Estados Unidos se las ha arreglado para saltarse a la torera el hecho de que en un periodo de cinco años, en los sesenta, fueron asesinados un Presidente, un probable futuro Presidente y el más importante de los líderes negros de la Segunda Guerra Mundial. Estos crímenes no se han investigado de la manera apropiada y permanecen irresueltos.

NOTAS

[1] Vid. Anie Machon. *Spies, Lies and Whistleblowers*. Sussex, The Book Guild. pp. 212-216.

[2] Paul recibió 75,000 libras esterlinas del Reino Unido unas semanas antes del accidente. www. alfayed.com

[3] Vid. Greg Swift. *How did Diana paparazzo die?*, en *The Daily Espress*, 9 de junio de 2000. Reproducido en la dirección: www.alfayed.com

[4] *Google* tuvo 34,000 visitas en su encuesta *diana+conspiracies* en agosto de 2005.

[5] En: http/educateyourself.org/nwo/nwotavistock-bestkeptsecret.shtml se presenta una colección de artículos absurdos sobre Tavistock, con materiales como éste: *Actualmente la sociedad Tavistock opera proyectos por valor de 6 billones de dólares al año en los Estados Unidos, todo ello financiado con dinero obtenido de los impuestos de ciudadanos americanos. Diez instituciones importantes se encuentran bajo su control, con 400 subsidiarias y 3000 grupos de estudio y planeación donde se originan toda clase de programas para incrementar el establecimiento de un nuevo orden mundial por encima de los intereses del pueblo americano.*
Al parecer esta absurda declaración se basa en el papel que jugaron algunas personas asociadas con Travistock en la propaganda secreta que se usó durante la Segunda Guerra Mundial.

⁶ Los puntos de vista de la organización liderada por Lydon LaRouche Jr. son bien expresados en un libro escrito por dos de sus seguidores, llamado *Dope Inc.* También existe un capítulo razonable acerca de La-Rouche en el libro de Jonathan Vanakin *Conspiracies Cover-ups and Crimes* (Nueva York. Dell. 1992). La organización LaRouche se encuentra en: www.larouchepub.com

⁷ El llamado *Skeleton Key to the Gemstone File* (Clave de la estructura del expediente Gemstone) es objeto de dos análisis exhaustivos en la colección de ensayos editados por Kenn Thomas y David Hatcher Childress: *Inside the Gemstone File* (Kempton, Illinois. Adventures Unlimited Press, USA, 1999). Este escritor publicó la primera crítica del expediente Gemstone en *The International Times* en 1978, lo que se incluye en el libro de Thomas/Childress. El expediente Gemstone es una mezcla de hechos y fantasías. La mayoría de las argumentaciones son de hecho incomprobables, y muchas de las comprobables son falsas. A pesar de ello, esta teoría ha circulado por más de 25 años. El escritor americano Martin Cannon posee algunas de las cartas originales de Bruce Roberts de las cuales se dedujo la teoría del expediente Gemstone. A principios del 2000 él me envió extractos de estas cartas, de estos fragmentos se deduce que Bruce Roberts simplemente era esquizofrénico.

⁸ El escritor inglés John Coleman, residente en Estados Unidos, quien dice haber sido miembro del Servicio Secreto Británico, publica regularmente artículos en *World*

Review, y está muy involucrado en la cultura conspiratoria. No conozco nada de su trayectoria y soy escéptico de su filiación con el Servicio Secreteo Británico; pero como esta organización no publica lista alguna de sus miembros pasados o presentes, solamente puedo decir que nada de lo que él ha escrito da señales de haber sido el trabajo de una auténtico agente de Inteligencia.

[9] La conspiración extraterrestre es ampliamente tratada en el capítulo sexto de este libro.

[10] Vid. *The History of an Obsession: German Judaeophobia and the Holocaust*. Klaus P. Fisher (Londres. Constable. 1988). Esta concatenación de la teoría conspiratoria con el Holocausto se pone en evidencia en los comentarios respecto del juicio civil en el que se concluye que James Earl Ray no asesinó a Marthin Luther King. En un artículo del *Washington Post*, del 12 de diciembre de 1999, se dice:
Esta historia se maneja dentro del contexto de la negación del Holocausto, con lo que se manipula la interpretación de la muerte del doctor King, lo que es una peligrosa desviación en el proceso, tendiente a concluir que la verdad no puede ser todavía revelada.

[11] Autor inglés de los veinte y treinta, del que se habla más adelante.

[12] Vid. Allan Westin, *The John Birch society,* en *The Radical Right*, editado por Daniel Bell (New York. Doubleday Anchor. 1964).

[13] Coautor de una de las obras más conocidas acerca de la John Birch: *Non Dare Call it Conspiracy* (Seattle. Double A Publications. 1985).

[14] Vid. J. M. Roberts, *The Mithology of the Secret Societies* (St. Albans, Paladin. 1972).

[15] La primera vez que me topé con la organización La-Rouche fue en Bonn, Alemania, en 1979. Había un *stand* en la calle que vendía libros y revistas de esta organización. El libro que de inmediato captó mi atención traía en la contraportada un slogan: "Terminemos con el control británico en América". Por supuesto, compré el libro. Después de más de 25 años de la aparición del grupo, nadie sabe realmente a qué se dedica o quien lo fundó.

[16] Vid. Jeffery M. Bale: *Conspiracy Theories and Clandestine Politics*, en *Lobster* 29. (www.lobstermagazine.co.uk) El historiador Thomas Mahl hizo su doctorado especializándose en las operaciones secretas británica en los Estados Unidos, entre 1939 y el ataque japonés a Pearl Harbor, señalando como principal objetivo de esta intervención el neutralizar la acción de los políticos que se oponían a la entrada de Estados Unidos a la Segunda Guerra Mundial. En realidad la tesis de Mahl está muy mal escrita. En 1998 su tesis fue publicada como libro; de inmediato se le calificó de ser un trabajo "conspiratorio":

¿Cómo puede este historiador negar el hecho de que defiende la conspiración, cuando explora las actividades de un millar de

personas, que ocupaban dos pisos del Rockefeller Center, trabajando para involucrar a los Estados Unidos en la guerra?

[17] *The Sunday Telegraph*, 14 de enero de 1996.

[18] Vid. Comentarios de Hattersley en *Comrades at War*, parte de la serie *The Witness Years*, BBC2, diciembre de 1995.

[19] Vid. *Lost Legions of the right*, de Julian Critchley, en *The Observer*, 10 de agosto de 1986.

[20] Vid. Paul Flynt MP, *Dragons led by Poodles: the Inside Story of a New Labor Stitch-up* (Londres, Politicos Publishing, 1999).

[21] Oglesby es autor de uno de los mejores libros acerca de la política conspiratoria en los Estados Unidos: *The Yankee and Cowboy War: Conspiracies from Dallas to Watergate and Beyond* (Nueva York. Berkeley Medallion Books. 1977).

[22] Un buen ejemplo de esta tesis es la historia de la posguerra de Chipre, en el libro de Brendan O'Malley e Ian Craig *The Cyprus Conspiracy* (Londres. I. B. Tauris. 1999), donde se relatan una serie de conspiraciones perpetradas por Estados Unidos y Gran Bretaña, en la posguerra, con la finalidad de crear una división entre los turcos y griegos en Chipre; previendo que la creación de una identidad "chipriota" podría demandar la desocupación de las bases militares que ambos países tenían en la isla,

además de lesionar las facilidades de Inteligencia que se les otorgaban.

[23] El libro citado de la posguerra en Chipre contiene evidencia respecto de actos conspiratorios en los que se daba tanto cooperación como competencia entre ambas potencias.

[24] Este asunto se describe en detalle por uno de los periodistas que siguieron la historia desde el principio; de Robert Parry *Lost History: Contras, Cocaine, the Press and 'Proyect truth* (Arlington [Virginia]. The Media Consortium. 1999).

[25] En los días en que estaba escribiendo acerca de este asunto, *The Independent* insertó otro reportaje respecto del antiguo Canciller alemán Kohl y los fondos secretos que recibió de hombres de negocios y del Estado francés.

[26] Vid. *The Spaghetti Theory of Conspiracy*, en la introducción de Robert Anton Wilson al libro de Donald Holmes *The Illuminati Conspiracy—The Sapien System* (Phenix. New Falcom Publications. 1987).
Wilson fue coautor de la obra de ficción *Illuminatus Trilogy*, en cuyo primer volumen se incluye una divertida parodia de los teóricos de las mega-conspiraciones de los sesenta y setenta.

[27] Se hace alusión al hecho de que muchas personas no entendieron la "Trilogía de los Iluminados" como una

ficción y declaraban que Wilson y su coautor estaban diciendo la verdad.

28 El primer estudio académico acerca de la Liga fue el artículo *A Crusade for Capitalism: the Economic League, 1919-1939*. En la revista *The Journal of Contemporary History*, Vol. 23, 1988. Mis comentarios acerca de los historiadores académicos se aplican por igual a la izquierda británica. ¿Cómo esperan ellos vencer a un enemigo del cual conocen tan poco?

29 La fundación del Partido Conservador es uno de esos asuntos que politólogos del siglo veinte decidieron no estudiar en absoluto. El primer libro que apareció sobre el tema no era académico, se trata de *Price of Power: the Secret Funding of the Tory Party* (Londres. Vision. 1998).

2 ¿Realmente estoy paranoico?

A partir del ocaso de la ortodoxia intelectual, hemos entrado en una verdadera "edad de oro" –¿o de pesadilla?– de las teorías conspiratorias, lo que parece tan serio que el Departamento de Estado del gobierno americano ha publicado un artículo de advertencia en su página de Internet,[1] lo que revela un cambio radical con lo que se vivía antes, digamos, en 1963. ¿Quién se interesaba en teorías conspiratorias en 1963? En Inglaterra había ciertos grupos de furibundos racistas, por ejemplo, la "Liga de los Leales al Imperio", que fue uno de los pilares del Frente Nacional; había también un conjunto de pequeños grupos de adoradores de Hitler que evocaban el viejo mito de la Gran Conspiración Judía.[2] En Estados Unidos existía la John Birch Society y otros grupos de ultraderecha antijudíos; desde luego, no faltaban los amantes de Hitler.[3] Pero en aquellos años, las teorías conspiratorias estaban al margen de todo margen. Ahora nos encontramos con la conspiración por todos lados y se elaboran teorías acerca de cualquier cosa; la creencia en las conspiraciones ha penetrado ampliamente en la cultura actual.

La conspiración ha sido uno de los grandes temas cinematográficos durante el siglo veinte; recordemos, por ejemplo, aquellas películas de los treinta de Alfred Hitchcock: *The 39 Steps* (Los 39 peldaños); *The Lady Vanishes* (La dama que se esfuma), o *Foreign Correspondent* (Corresponsal extranjero); en todas ellas, el tema central es una conspiración. Sin embargo, en 1970, la trama de las teorías conspiratorias comenzó a cambiar en la cultura popular. Anteriormente, la conspiración se atribuía a fuerzas externas de tendencia enemiga (generalmente Alemania o la Rusia Soviética); pero, después de Watergate, el tema central de los *thrillers* americanos ya no es la conspiración foránea, sino doméstica, generalmente dentro del propio gobierno americano. Por ejemplo, en *The Rock*, Sean Connery juega el papel de un antiguo agente secreto británico que había robado documentos clasificados de Edgar Hoover, quien fuera jefe del FBI; aquello había ocurrido en 1960, y desde entonces se le mantenía en prisión de manera ilegal.[4] En la escena final del film se ve a un personaje que juega el papel resolutorio del asunto (Nicholas Cage) recuperando aquellos documentos que habían sido escondidos por Connery años atrás. Cage muestra una tira de microfilm a su novia y le dice *¿Quieres saber quién mató a Kennedy?* En otra cinta conspiratoria se presenta a Mel Gibson como víctima de un programa del gobierno americano dedicado al control de la mente de las personas. En la primera parte de la película se presenta el personaje de Gibson como un representante de esa demencia paranoide tan bien vista por la ortodoxia académica y los medios; pero en la segunda parte, la supuesta paranoia del personaje va tomando visos racionales.

También Oliver Stone, en su película *JFK*, presenta una de las múltiples versiones conspiratorias del asesinato de John F. Kennedy, en el que los perpetradores son oficiales del gobierno... y así por el estilo, en el cine de los setenta y ochenta.

Un ejemplo muy significativo de la presencia de la conspiración en los medios ha sido el programa de televisión *The X Files* (Los expedientes "X"), cuyo material temático es un compendio de todas las teorías conspiratorias que se han suscitado en los Estados Unidos durante las dos últimas décadas; estos expedientes "X", que previamente se habían manejado a manera de rumor más o menos clandestino, ahora se tratan con toda nitidez pública en una presentación televisiva de gran éxito. El entusiasmo que produjeron estos programas redundó en el desarrollo de otros productos sobre el tema de los expedientes X, en los que se cuentan cinco revistas de buen formato y a todo color que tienen una amplia distribución, además de presentaciones en multimedia, todo ello especializado en temas de conspiraciones y paranormales.

A partir del año 2000, los teóricos de la conspiración comenzaron a tener amplios espacios en todos los medios, irrumpiendo en el más importante de ellos, que es la televisión. El canal 4 británico, por ejemplo, comenzó produciendo una media docena de programas a partir de la página web disinfo.com, que maneja una gran cantidad de teorías conspiratorias.[5]

Por supuesto, en todos los países se producen teorías de este tipo, siendo las mas socorridas las de corte antisemita, ya fuera en la antigua Unión Soviética y sus satélites

(Solidaridad, en Polonia, por ejemplo, estaba marcado por la teoría de la conspiración judía), o en los grupos de la derecha japonesa, lo que pareciera extraño, ya que no hay judíos en Japón. En Francia, el Frente Nacionalista Le Pen, sostiene puntos de vista que recuerdan a los sustentados por los atisemitas previos a la Segunda Guerra Mundial, e incluso a las obsesiones zaristas del cambio de siglo. *Los protocolos de los sabios de Sión* se distribuyen ampliamente en los países árabes como si fuera un documento verdadero, que explica la existencia del Estado de Israel en el Medio Oriente. En 2002, los famosos Protocolos fueron la base de una serie de programas de televisión en Egipto.[6] Si yo pudiera manejar más idiomas, sin duda encontraría teorías conspiratorias en todos los países industrializados del mundo. Actualmente, en la Gran Bretaña, se están recibiendo las teorías conspiratorias americanas junto con las telenovelas y las cadenas de comida rápida. La gran excepción a este fenómeno es la revista australiana *Nexus* que maneja también los expedientes de lo paranormal y las conspiraciones, pero junto con otras propuestas de información "oculta" o "conocimiento alternativo" en los campos de la ciencia, la energía o la salud. Cuando vi por primera vez la revista *Nexus* pensé que era americana, y en efecto, muchos de sus contenidos lo son.[7]

La mayoría de las teorías conspiratorias americanas provienen de la cultura de los blancos; pero existen algunas que se originan en la comunidad afroamericana. Algunas de las subculturas negras asociadas con planteamientos religiosos creen, por ejemplo, que Reagan tiene el número 666, la marca de "la Bestia" tatuada en la parte posterior de su cabeza, bajo su pelo. Otros sostienen que la distribución de heroína entre la población negra forma parte de un complot del gobierno americano para mantener a los negros sojuzgados. Un sustancial porcentaje de negros americanos sostenía la creencia de que la CIA vendía "crack" para financiar la guerra en Nicaragua. Esta teoría resultó ser medianamente cierta; la CIA realmente estaba flexibilizando el control de los traficantes de cocaína a cambio de donaciones que se aplicaban al apoyo de los Contras en Nicaragua. Una idea similar es la creencia en que el SIDA pudiera ser el producto de experimentación para la guerra biológica que se salió de control. Una variante de lo anterior es una idea grandemente difundida en Inglaterra en el sentido de que el SIDA es un germen producido por la vía de experimentación que había sido diseñado por los blancos para matar a los negros; fue Joshua Nkomo, en Simbawe, quien difundió esta teoría, a partir de que su hijo murió de SIDA. El 29 de octubre de 1990, el *New York Times* publicó los resultados de una encuesta que mostraba que el 30% de los afroamericanos de Nueva York creía que el virus del Sida era el producto de investigación militar de los Estados Unidos y que en su diseño se había buscado una característica etno-específica.[8] Pero, en general, las teorías conspiratorias americanas, principalmente las que ocupan espacios en Internet, tienen su origen en la cultura blanca, y más específicamente, entre los varones blancos; aunque no faltan algunas mujeres que han logrado fama en este terreno.[9]

Una de las características de este fenómeno es que cualquier persona puede producir una teoría conspiratoria más o menos coherente sin necesidad de realizar una gran investigación. Daré a continuación algunos ejemplos de ello que se me fueron presentando hace unos cuantos años sin que los hubiera buscado.

Después del juicio de O. J. Simpson aparecieron en los Estados Unidos una serie de libros al respecto. De acuerdo a los sumarios que leí en el catálogo de *Tom Davies Books*,[10] uno de estos libros argumentaba que los crímenes habían tenido su origen en cierta "lista negra", elaborada en el FBI, en la que se señalaban los nombres de aquellos postulantes a la Barra de Abogados que se habían distinguido por sostener una postura antibelicista, por lo que no se les había permitido el ejercicio de su profesión. Se decía, entonces, que aquellos abogados desempleados habían asesinado a Nicole Simpson e implicado a O. J. Simpson para, de alguna manera, presionar al FBI para que esta lista fuera desechada. Sólo en los Estados Unidos, con un millón de abogados y cuna de los argumentos truculentos legales se podría pensar en una historia de este tipo.

Otro ejemplo es el de un tal Michael Todd, en Yorkshire, quien a cambio de una pequeña cantidad de dinero ofrece dar evidencia incuestionable de una conspiración a nivel mundial, llamada PELT, cuya sede secreta se encuentra en Irlanda y posee 30 oficinas en todo el mundo. El objetivo de PELT es la destrucción de toda clase de movimientos alternativos, ya sea en el terreno de la política, de la salud, la ecología, etc. Yo escribí solicitando dicha información, pero no recibí nada a cambio.

La administradora de la *National Pure Water Association* (Asociación nacional para la pureza del agua) dedicada a la lucha "anti-fluoruro" en el agua, me escribió diciendo que la verdadera razón para la racionalización que se hizo en Yorkshire durante la sequía de 1995, no se había debido a la incapacidad de las autoridades para proveer de agua suficiente a los ciudadanos, sino su negativa a agregar ácido fluorhídrico al agua. En su carta decía: "Muchos de los problemas con el agua durante ese año fueron orquestados, *estamos seguros*, por la compañía productora de flúor, como un 'castigo' por su decisión" (el énfasis es mío). Yo le escribí solicitándole evidencia, pero no recibí respuesta alguna.[11]

Un "ufólogo" (investigador de OVNIS) que conozco, trató con gran vehemencia de persuadirme de que en la profundidad del lago Lomond, en Escocia, existía una base secreta, de la que con frecuencia salían misteriosas naves (las bases de OVNIS bajo las aguas es un tema poco común en la ufología). Yo me preguntaba, ¿por qué se les hubiera podido ocurrir instalar una base precisamente en uno de los principales puntos turísticos de Escocia? Este lugar es visitado diariamente por cientos, si no por miles, de personas.

La dificultad (y muchas veces el encanto) de estudiar las teorías de la conspiración es el hecho de que oculto bajo una capa de estupidez y sinsentido, siempre se encuentra algo interesante. La conspiración de los abogados desempleados parece una propuesta descabellada para clarificar el caso de O. J. Simpson; pero, por absurdo que podamos verlo ahora, es posible que en el futuro alguien pueda demostrar que sobre Simpson se ejerció algún tipo de presión, tal vez en el sentido racista, como era la creencia de muchos afroamericanos.

En el caso del anti-fluoruro, independientemente del mito que pudiera asociársele, el hecho es que la aversión al fluoruro se ha venido generalizando, y actualmente algunas autoridades locales tienen problemas con la comunidad debido a la adicción al fluoruro, con lo que se ha creado un fenómeno real. En la revista americana *Covert Accion*, dedicada a los temas de espionaje, se ha publicado un artículo sobre el tema del fluoruro, su autor es Joel Griffith, y el título es muy significativo: *Fluoride: Commie Plot or Capitalist Ploy?* (Fluoruro: ¿Complot comunista o negocio capitalista?) Este planteamiento hubiera sido inimaginable hace algunos años, cuando el asunto del fluoruro se discutía solamente en algunos grupos de ultra derecha.[12] El "complot comunista" en el artículo de Griffith evoca la creencia de la ultra derecha de los cincuenta y sesenta, de que la adición de fluoruro no era para desinfectar el agua, sino para contaminarla, y aquello era parte de un plan destructivo de los comunistas. Esta creencia es ridiculizada por Stanley Kubrick, en su película *Dr. Strangelove*, donde presenta el personaje de Jack D. Ripper, un comandante militar enloquecido, caracterizado por Sterling Hayden.

Las buenas teorías conspiratorias no mueren nunca, esta es su principal característica. No importa qué tan estúpidas sean y con cuánta frecuencia sean refutadas, estas creencias no pueden ser completamente desarticuladas. Nunca faltarán nuevos exponentes de la teorías que reemplazarán a los que las hayan abandonado. En junio de 1999, la *Rumor Mills News Agency* publicó en su página de Internet (*Konformist*) la referencia a un documento que supuestamente había sido entregado a miembros del Congreso de los Estados Unidos por un desertor ruso; en este documento se aludía a la "fluoridización" del agua en todo el territorio americano, señalando que el ácido fluorhídrico causa daños cerebrales en los niños pequeños, lo que redunda en una baja de su coeficiente intelectual (IQ). Por supuesto, de este documento podía deducirse un plan de agresión a la población americana, por medio de la adición de fluoruro en el agua corriente, con el fin de bajar el nivel intelectual de los americanos y con ello hacerlos menos eficientes y más manejables. Así fue que se recuperó el mito, y resultó que, después de todo, ¡sí era un complot comunista![13] De hecho, como expresa el artículo de Griffith, la controversia en este asunto radica en la competencia y la guerra sucia entre compañías industriales, tal vez contra las empresas productoras de fluoruro, que no tenían manera de derivar su producto a otros mercados, dado que éste no tiene otra utilidad, en gran escala, que la desinfección del agua. La prohibición del fluoruro hubiera sido desastrosa para estas compañías, pero más lo hubiera sido para la salud de la gente. Como se verá, el caso no carece de importancia.

Sin embargo, de algunas cosas podemos estar seguros; por ejemplo, de que bajo las aguas del lago Lomond no existe una base de OVNIS; de que no hay conspiración alguna entre miembros del gobierno americano y extraterrestres; tampoco sucede que miles de ciudadanos americanos hayan sido secuestrados y sexualmente agredidos por "alienígenas". Pero todo ello no es razón suficiente para descalificar por entero la teoría de los Ovnis. Más allá de las alucinaciones, de los globos aerostáticos, aviones experimentales, o lo que sea, ahora se tienen muchos videos que presentan extrañas cosas en el cielo, lo que da una cierta credibilidad al tema, sobre todo porque se trata de reportes de personas comunes, generalmente sensibles y racionales. Por otro lado, ¿cómo podemos explicar el caso de miles de americanos –curiosamente casi solamente americanos– que han experimentado algo así como el haber sido "abducidos" por alienígenas?... Whitley Streiberg, autor de *Communion*, describe sus propios contactos con "aliens", y en su libro subsiguiente, *Confirmation*, informa haber recibido personalmente 30 000 cartas, de las 250 000 que se calcula que se han escrito y enviado describiendo experiencias de este tipo. Si consideramos que cuando los miembros del Parlamento Británico se sentaron para analizar el caso no tenían más de dos docenas de esta clase de cartas, hablar de 30 000 recibidas por una sola persona resulta algo en verdad apabullante, pues revela el fenómeno de una gran cantidad de personas que tienen "recuerdos" de sus "abducciones", e incluso de lo que pasó durante ese rapto.

El fenómeno de la "abducción alienígena" es en extremo bizarro y nadie –por lo menos nadie en una postura escéptica– es capaz de tomar la suficiente distancia intelectual como para generar una explicación plausible de lo que pasa.

Detrás de un número sorprendente de grandes historias respecto de estos contactos con seres extraterrestres, existen algunos datos, oscuros y fragmentarios, que nos hacen pensar en algo real. Algunas veces, incluso las declaraciones más increíbles deben ser tomadas en serio.

Desde 1970 se generó la idea de que los astronautas americanos nunca pisaron la luna; muchos creen que todo fue fabricado en un estudio cinematográfico, y que aquello no fue más que un gran golpe de propaganda en el contexto de la Guerra Fría con la Unión Soviética. En 1978, la película *Capricornio One*, con O. J. Simpson en el elenco, juega con este tipo de ficción, como una expresión precursora del clima de conspiración que se produjo después de Watergate, y que se reflejó en Hollywood. A primera vista, esto es increíble y hasta pareciera estúpido. Una operación de este tipo involucraría a cientos, tal vez a miles de personas, quienes deberían guardar silencio para siempre. Esto, sencillamente, no se puede lograr... ¿o sí?

Incluso si uno piensa que los servicios de Inteligencia y la alta burocracia del gobierno americano hubieran aprobado un proyecto tan riesgoso (yo no puedo creer eso), parece imposible guardar el secreto durante tanto tiempo. Alguien hubiera hablado alguna vez; alguien hubiera podido volverse loco; y seguramente no hubiera faltado quien vendiera la historia a los medios a cambio de lo que auténticamente sería mucho dinero.[14] A pesar de todas estas consideraciones, expertos fotógrafos han dictaminado que algunas de las fotografías proporcionadas por la NASA, de las que se dice haber sido tomadas en la luna, en realidad son trabajos de estudio. Hace tiempo se publicó un largo, cuidadoso, y a mi juicio totalmente convincente análisis en la revista *Forteen Times*, en enero de 1997, donde se hace esa declaración. Pero, aun si eso fuera cierto, ¿qué puede deducirse de ello? ¿Fotografías falsas prueban un falso alunizaje?... Es razonable pensar que una burocracia dependiente del gobierno federal, como es la NASA, hubiese querido hacerse la publicidad más estridente posible, como para conseguir un mayor presupuesto para futuros proyectos. No sólo es posible, sino muy probable, que la NASA hubiera realizado trabajos fotográficos en algún estudio terrestre, dado que de esa manera se pueden obtener mejores efectos que en la Luna, vistas más atractivas de la bandera americana, por ejemplo, o del propio módulo lunar; además, especulando sobre el asunto, es posible que las fotografías lunares no hubieran conservado su calidad en las vicisitudes del viaje; es posible, por ejemplo, que al pasar por el campo de radiación Van Allen, que rodea la tierra, al regreso las fotografías originales se hubieran alterado seriamente. Y ahora, 25 años después, un fotógrafo profesional ve esas imágenes y piensa: "¡Vamos!; ¡a mí no me la hacen!... En la luna sólo había una fuente de iluminación; ¿de dónde salieron esas luces complementarias?

Hace una década, conocí a alguien que creía que alguna información difamatoria en su contra había sido insertada en novelas y programas de radio. Él había hecho grabaciones y señalado aquellos pasajes de libros que aludían a su persona. En realidad la evidencia no era nada convincente; no había nada en aquellos diálogos que pudiera apoyar lo que él decía. Alguna vez le pregunté: "¿Como obtienen los escritores la información que se refiere a ti?... "Pues muy sencillo –respondió–, por medio de la sociedad secreta que tienen los editores". Yo no quise argumentar que no se tenía la menor noticia de la existencia de tal sociedad. En todo caso, él, a mi parecer, presentaba muchos síntomas de sufrir paranoia. Él pensaba que todas sus llamadas telefónicas eran grabadas, que su casa era constantemente vigilada, y cosas de este tipo. Era un paranoico "de libro". Aquella vez concluí mi visita diciéndole de plano que estaba loco y que le convendría consultar un buen psiquiatra. Algunos meses después me envió una fotocopia de un artículo en el que se exponía la existencia de una "sociedad secreta de editores británicos", precisamente de la clase que él había señalado.[15] Yo le respondí que aquello era definitivamente un punto a su favor, pero yo seguía sin creer en su historia. El hecho de que se hubiera descubierto algún tipo de sociedad, secreta o no, en el mundo editorial, no tenía nada que ver con el hecho de que en realidad no había nada en los libros o en los programas de radio que pudiera interpretarse de la manera como él lo estaba haciendo.

Paranoia y lo paranormal

Ciertamente, existe un gran parentesco entre lo paranormal, los fenómenos ocultos y extraños, y la creencia en conspiraciones. Esta relación no es muy clara para mí, pero sin duda existe, y de alguna manera se refleja en mi propia vida. Yo estuve ocasionalmente interesado en lo paranormal a finales de 1960, al encontrarme, en la biblioteca pública, con un libro acerca de la "energía radiónica" y las "cajas negras", tema que ahora parece ridículo. Seis años más tarde me encontré, de manera también circunstancial, con un estudio acerca de las teorías conspiratorias americanas. Ahora pienso que en realidad hay una secreta conexión entre ambas experiencias. Tal vez, en estos casos, la explicación más banal es la mejor. Tal vez, si la voluntad de uno se orienta a creer que la ortodoxia intelectual presenta huecos o errores en el área de realidad o no-realidad de lo paranormal, de manera natural esta voluntad se proyecta a otras áreas en las que la ortodoxia podría también estar equivocada. Puede ser solamente un caso psicológico o de personalidad; sin embargo creo que, en mi caso, el interés en estas dos áreas se desarrolló en paralelo.[16]

Desde mi punto de vista, en la Gran Bretaña, las obras que marcaron el punto de vista paranormal, pero intelectualmente válido, fueron las siguientes: En primer lugar, *The Dawn of Magic*, cuyo título americano fue *The Morning of the Magicians**, publicado por primera vez en 1963. Fueron Pauwels y Bergier quienes introdujeron en las masas lectoras en Gran Bretaña temas tales como los "poderes psíquicos", los aparentes nexos entre las ciencias ocultas y el régimen nazi, en Alemania; los Ovnis, extraños fenómenos en el mundo natural, teorías acerca del diseño de las pirámides, y otros temas de ese tipo.

En segundo lugar está la serie de libros del escritor inglés John Michel; el más famoso de ellos es *The Flying Saucer Vision* (La visión del platillo volador), publicado en 1967. Él introdujo en el gusto del público temas como la energía cósmica, la geomancia, la numerología, los extraterrestres y todo aquello que en términos generales es llamado "misterios del mundo".[17]

---

* *Le Matin des magiciens en el original francés. Se publicó en español como El retorno de los brujos.* N del T.

El tercero de los elementos que marcaron esta tendencia fue *Psychic Discoveries Behind the Iron Curtain* (Descubrimientos psíquicos detrás de la cortina de hierro), escrito por dos periodistas del *Reader's Digest* en 1970, en el que se mostraba cómo el gobierno de la Unión Soviética propiciaba proyectos de investigación en el campo de los fenómenos psíquicos y paranormales. Este planteamiento tenía una enorme significación, pues si un sistema materialista y antirreligioso como el que se vivía en la Unión Soviética tomaba en serio estos asuntos, era difícil sostener que todo ello no era más que una absurda mistificación y carecía de sentido.

El cuarto elemento fue la aparición de Uri Geller y Mathew Manning, a mediados de los setenta. De especial interés fue el caso de Uri Geller, quien, al parecer, realmente tenía poderes que desafiaban las leyes de la física, y los exponía ante grandes audiencias en la televisión.[18]

La quinta de las marcas importantes de esta nueva concepción de la realidad fueron los trabajos de escritores como Erich von Daniken, quien popularizó temas que inquietaban y emocionaban a mucha gente en todo el mundo; asuntos como el "Triángulo de las Bermudas", los misterios de las pirámides, los "Dioses del espacio" y otros.

En sexto lugar tendríamos que considerar que durante todo este periodo no dejó de estar presente el misterio de los OVNIS, que se reforzó grandemente con las cintas de Spielberg *Close Enconters* (Encuentros cercanos), de 1977, y posteriormente *ET*. La película "Encuentros cercanos" fue una brillante puesta en escena del conjunto de historias referentes a los avistamientos de OVNIS, pero incorporando elementos de otras áreas, como aquello de los aviones norteamericanos que aparentemente desaparecían en el Triángulo de las Bermudas.

En séptimo lugar tenemos la explosión de reportes de avistamientos de OVNIS, los relatos de abducciones, contactos y aterrizajes de naves extraterrestres que se produjeron en los Estados Unidos durante los noventa.[19]

Esta verdadera torrente de "información alternativa[20] se compendió en extraordinarias publicaciones, como *Frontiers Science Catalogue* (Catálogo de las fronteras de la ciencia), el cual, en aquellos tiempos previos al Internet, ofrecía toda clase de libros y cintas de video de civilizaciones perdidas –Mu, Atlántida, Lemuria–, además de los vestigios de otras culturas misteriosas en África, América Central, y Sudamérica.[21] Se presentaba también material de criptozoología (Pies Grandes, Sasquatch, Yeti); gigantes o monstruos del mar; círculos energéticos; Stonehenge y otras muestras de arquitectura mística que, se decía, eran reminiscencias de "arqueología extraterrestre", pues estos estilos tenían sus orígenes en la arquitectura marciana o de otros planetas.

Se presentaban aparatos antigravitatorios, artefactos que no usaban energía, "cientificidad alternativa" y toda clase de propuestas espectaculares, desde la "fusión fría", la radiónica o los aparatos para captar las "orgonas" de Wilhelm Reich. Además, en este catálogo existía una sección llamada "Conspiración e Historia".[22] Es precisamente este cuerpo de conocimientos –permítasenos llamarlos "conocimientos"– lo que llegó a configurar la temática de los Expedientes X, los programas *Dark Skies* (Cielos oscuros)

en la televisión y una docena de películas que se han difundido mundialmente.

NOTAS

[1]   http//usinfo.state.gov/media/archive/2005/jul/27-595713.html

[2]   Vid. *The British Political Fringe*. George Thayler. Londres. Anthony Blond. 1965.

[3]   Vid. George Thayler. *The Farther Shore of Politics*. Londres. Allen Lane. *Teh Penguin Press*. 1968.

[4]   Los expedientes secretos de Hoover fueron el tema central de la mejor novela de Robert Ludlum, *The Chancellor Manuscript*. 1977.

[5]   Este escritor aparece en ellos.

[6]   El diario *The Independent*, del 4 de febrero de 2000, reporta que el Ministerio de Defensa del gobierno sirio, por medio de su propio sistema editorial, ha publicado en árabe los *Protocolos de los sabios de Sión*.

[7]   Se dice que esta edición vendió 20 000 copias en la Gran Bretaña. *Nexus* tiene una página web donde consultarla: www.nexusmagazine.com

[8]   Para mí es sorprendente la cantidad de evidencia —o lo que parece evidencia— que apoya este punto de vista. Los datos existen y continúan acumulándose en Internet,

a pesar de que algunos antiguos miembros de la Inteligencia soviética admiten que ellos inventaron la historia. Este tema se retoma en el capítulo sexto.

[9] No estoy bien seguro de la manera como se estableció esta conexión, pero sin duda existe una relación entre este caso y la actitud de algunas feministas de los ochenta, que calificaban la investigación periodística –en ese tiempo dominada por los varones– como un "estúpido juego machista".

[10] Es uno de los pioneros de la venta de libros conspiratorios por correo.

[11] *National Pure Water Association*, 12 Dennington Lane, Crigglestone, Wakerfield, WF4-3ET.

[12] En *Covert Action Information Bulletin*, N° 42 (Otoño de 1992). También se encuentra esta misma tesis en el libro de Christopher Bryson *The Fluoride Deception* (Nueva York. Seven Stories Press. 2004).

[13] www.rumormillnews.com 29 de junio de 1999. El artículo incluye esta encantadora pieza típica del pensamiento conspiratorio:

La semana pasada he leído, en dos páginas web que cubren enfermedades físicas, los efectos de dos tipos de productos químicos: el aspartano y el fluoruro. Para mí resulta obvio que las grandes compañías químicas y farmacéuticas están involucradas en un envenenamiento a gran escala en todo el mundo; todo con el fin de aumentar sus ganancias. Es posible que estén haciendo esto también con el objetivo de estupidizar a la gente, de modo que se les pueda manipular con facilidad cuando se imponga un gobierno totalitario mundial.

Ciertamente, existen estudios que dan cuenta de la peligrosidad del aspartano y del fluoruro. Pero las inferencias "obvias" que hace el autor es un ejemplo claro del pensamiento conspiratorio.

[14] El lector agudo se podrá dar cuenta de que es ésta precisamente la línea de argumentación que tomó la CIA en contra de las críticas de la Comisión Warren en 1967, que tomaré más adelante, en el capítulo cuarto. Como un argumento de autodefensa, debo decir que en mi opinión el asesinato de Kennedy no pudo haber sido obra de un tirador solitario, sino de un grupo de ellos.

[15] Christopher Hurst, *A touch of the leather aprons*, en *The Bookseller* del 19 de agosto de 1988.

[16] Por ejemplo, yo fui dos veces invitado a hablar acerca de las teorías conspiratorias en la conferencia anual de *Forteam Times*, que es la principal revista de fenómenos extraordinarios en Inglaterra y tal vez en el mundo. Para esta publicación, las teorías de la conspiración son uno más de los "fenómenos extraordinarios".

[17] Una muestra de que se ha ido muy lejos en estos asuntos es un artículo aparecido en el *Sunday Telegraph*, en el que se maneja una forma de turismo siguiendo las "líneas de

energía", o la general aceptación del *feng shui*, que es una interpretación doméstica de la geomancia. Apenas en 1966, en Inglaterra no había un solo libro acerca de las líneas de energía o del feng shui.

[18] Acerca de Uri Geller existe una interesante biografía de Jonathan Margolis: *¿Uri Geller: Magician or Mystic?* (Uri Geller, ¿mago o místico?). Londres. Orion. 1998. En el comienzo del libro, Margolin parece estar convencido de que Geller es un farsante, pero va cambiando su punto de vista y termina el libro como un verdadero creyente en sus poderes. En los medios británicos existía la creencia de que Geller era un simple "prestidigitador", y que el fraude era similar al que habían realizado unos muchachos, llamados Doug y Dave, quienes, se decía, habían cercenado porciones de campos de cultivo para crear aquellos famosos círculos que causaron sensación en todo el mundo. Según Margolis, tanto en el caso de Geller como en el de Doug y Dave, existen elementos que descartan el fraude.

[19] En los últimos años se ha revelado que los servicios de inteligencia tanto de los Estados Unidos como de la Unión Soviética han realizado investigaciones en esas áreas desde fines de los sesenta. Véase, por ejemplo, el libro de Jim Shnabel *Remote Viewers: The Secret History of Americ's Psychic Spies* (Nueva York. Dell. 1997), y el de Armen Victorian *Mind Controllers* (Londres. Vision. 1998). Capítulos 9 y 10.

[20] Un conocido mío me reportó que a finales de 1999, en los estantes de una importante librería de Londres la sección membretada como "Historia alternativa", era considerablemente más grande que la marcada como "Historia".

[21] Éste y otros catálogos de la especie, no se distinguen por lo que ofrecen a los buscadores de información, sino precisamente por lo que *no ofrecen*. En la sección de "Conspiración e Historia", no se menciona un solo libro de los muchos autores serios sobre el tema, ni tampoco se hace referencia a los libros bien documentados acerca del asesinato de Kennedy. La ausencia de trabajos académicos en estos catálogos sugiere que los entusiastas de las teorías conspiratorias no aceptan trabajos de investigación bien documentados.

3. De los cielos azules a los cielos oscuros

En los Estados Unidos, y en menor escala en Inglaterra, se ha producido un auge del interés popular por las conspiraciones y los fenómenos paranormales; esto ha venido sucediendo toda la década pasada y un poco más atrás. A finales de 1990, muchos comentaristas atribuían este apasionamiento al clima psicológico del fin del milenio. Ahora ha quedado claro que éste no fue un factor significativo. Las celebraciones del milenio llegaron, se realizaron y pasaron, y el gran interés por las conspiraciones ha permanecido inalterado; aunque la tensión del fin del milenio les da una especial sazón a las teorías conspiratorias, sobre todo a las emanadas de las asociaciones cristianas americanas.[1] La proliferación de teorías conspiratorias en los países de habla inglesa es también atribuible a factores de una índole más prosaica, por ejemplo, las fallas que ahora se perciben en el imperialismo americano, los recientes adelantos en tecnología y los acontecimientos traumáticos que han ocurrido en el mundo de la política norteamericana desde los años sesenta.

A pesar de que la posguerra fría propició una retórica triunfalista, el estilo de vida americano sigue siendo cuestionado, sobre todo a causa de que el progreso se ha detenido para la mayoría de las personas de la clase trabajadora, siendo su poder adquisitivo igual o más bajo que hace veinte años. Ya han pasado aquellos días en que una familia de clase media se podía permitir que sus hijos fueran a la universidad con los ingresos provenientes de un solo salario (generalmente del padre). La distancia económica entre las clases altas y las bajas es en estos momentos la mayor en la historia reciente, desde el término de la Segunda Guerra Mundial, y al parecer, esa distancia se agranda cada año.

Por otro lado, es interesante señalar que los Estados Unidos, con apenas el 3% de la población mundial, tiene en sus cárceles al 25 % de los presidiarios del mundo;[2] la mayoría son negros, y la mayoría de ellos están ahí por posesión de drogas. El señalamiento de la izquierda americana de que en su país existe un "Gulag" no es del todo exagerado. El evidente deterioro del modelo de vida americana es algo que genera una gran frustración en mucha gente blanca de las clases media y trabajadora... y alguna explicación tienen que darse a sí mismos.

Las encuestas revelan que solamente el 2% de los americanos adultos leen libros, hablando de cualquier clase de libros. La mayoría de los diarios y revistas apenas mencionan, como de paso, lo que sucede en el extranjero; la principal fuente de información de los americanos es la televisión. Pero las cadenas televisivas no presentan la realidad de la política y la economía, pues el tratamiento a fondo de estos temas resultaría demasiado complejo para el ciudadano promedio, para quien es un verdadero enigma que el imperio americano vaya perdiendo su poderío. No podemos dejar de lado el hecho de que los americanos tienen a su disposición de 30 a 120 canales de televisión y la mayoría de ellos presentan programas de "entretenimiento", como variedades, series de ficción o deportes. No es de extrañar que el ciudadano común no sea capaz de distinguir lo real de lo imaginario.[3]

Desde el punto de vista de los ingleses, la sociedad americana es profundamente religiosa. Los americanos cree en Dios y en el Diablo; son gente que piensa que la Biblia relata literalmente la creación del mundo.[4] No es raro, pues, que puedan creer que el cielo nocturno está plagado de OVNIs en busca de incautos para "abducirlos" y experimentar en ellos; o que el gobierno americano está a punto de rendir su poder ante las Naciones Unidas en el nombre del Nuevo Orden Mundial; o que la administración del presidente Clinton está preparando campos de concentración para encerrar a los "patriotas" que están dispuestos a defender a su país en contra de estos agravios.[5]

Actualmente se percibe un cambio de estilo respecto de los encuentros con seres extraterrestres. En los años 50, cuando el imperio americano estaba en su apogeo y el consumidor blanco promedio experimentaba un crecimiento real de su bienestar, las relaciones con extraterrestres reflejaban una actitud benigna;[6] ellos hacían contacto con el mundo para ofrecer consejo y amistad (no faltaban las ocasionales advertencias acerca del peligro de las armas nucleares). A mediados de los noventa, con una economía que no alcanza a satisfacer las expectativas de la gran mayoría de los ciudadanos blancos, y cuando muchas áreas de las grandes ciudades de los Estados Unidos se están pareciendo demasiado a los escenarios del film *Blade Runner*, los cielos en las noches están poblados por alienígenas malvados, que bajan subrepticiamente a tierra para meterse en las propias habitaciones de la gente y llevársela hasta sus naves, sonde son sometidas a largas sesiones de abuso sexual, implantación de adminículos de control mental y otra clase de horrendos experimentos. En los años 50, los americanos blancos tenían cielos azules. En la actualidad tienen la serie de televisión *Dark Skies*, que presenta una dramática visión de los contactos con extraterrestres.

Muchos norteamericanos perciben que las cosas están mal; pero no saben por qué, y esto no es solamente a causa de que la información y conceptualización que necesitarían no está a la mano; en realidad los americanos están incapacitados para entender el mundo a causa del propio mito fundante de su concepto de nación. Los Estados Unidos son el país del "destino manifiesto", ellos son los que llevan la antorcha de la democracia y la libertad; es ésta "la tierra de los libres y el hogar de los valientes". Y lo que es más importante, y más inhibitorio, en este país se maneja el mito oficial de que cualquiera puede hacerse rico si se esfuerza lo suficiente. Este mito está tan fuertemente impreso en la mente de las personas, que muchos están imposibilitados para sospechar que algo está mal en su sistema político y económico; de donde se desprende una paradoja: Si el sistema está *bien*, y las cosas van *mal*, ¿cuál es la causa del problema?... La respuesta lógica es, por supuesto, que las cosas van mal a causa de la *gente mala*. Ellos son los culpables de todo; ellos actúan siempre en secreto y a espaldas de todos, es por eso que no se les ve cuando están cometiendo sus atrocidades.

Otro factor influyente en el rápido avance de las teorías conspiratorias es la tecnología. En mis primeros contactos con esta clase de mitos americanos, a finales de los setenta, la computadora casera todavía no estaba disponible, incluso el fax no había sido inventado todavía, las fotocopiadoras eran unos aparatos extremadamente caros y los diarios y revistas se imprimían sobre tipos de metal. Habían algunas revistas en las que se hablaba de teorías de la conspiración –recuerdo una que se llamaba *Conspiracy Digest*–, pero no era fácil encontrarlas, pues sus tirajes eran pequeños. Actualmente, a cambio de una pequeña cuota, casi cualquiera puede elaborar su propia teoría y ponerla en Internet, no faltará quien "accese" a ella. En el "ciberespacio" no hay editores que pudieran poner objeciones, y nadie exige que se aporten evidencias.

Un factor altamente significativo en el auge reciente de las teorías conspiratorias es la existencia real de conspiraciones en la historia de los Estados Unidos. La gente cree en las conspiraciones porque siente que vive en un mundo lleno de ellas. Antes de los sesenta, sólo un sector de la extrema derecha creía sinceramente en las conspiraciones, ya fuera de los judíos, los banqueros o cualquier otra clase de grupos que querían minar el nacionalismo americano. Pero a partir de 1963 se comenzaron a presentar datos de primera mano que revelaban auténticas conspiraciones:

▷ Los asesinatos de John F. Kennedy, Martin Luther King y muchos de los líderes de las panteras negras, incluyendo a Malcom X y Jimmy Hoffa.

▷ El atentado al gobernador George Wallace cuando parecía que él podía inclinar la balanza y poner en peligro el triunfo de Richard Nixon en la elección de 1968.

▷ Las revelaciones que fueron apareciendo en los sesenta de las operaciones que había realizado la CIA desde la posguerra para manipular la opinión pública mundial.

▷ La guerra de Vietnam en sí misma, la supervigilancia y los programas represivos que implementaron la CIA y el FBI en contra de los opositores a la guerra.

▷ El caso Watergate.

▷ La revelación del complot de la CIA en contra de líderes extranjeros como una secuela de Watergate.

▷ El manejo de opio por parte de la CIA en Laos y Vietnam.

▷ La revelación, en 1970, de los programas de control mental de la CIA, como el MK-Ultra, Delta y otros.

▷ Revelación de ciertos experimentos médicos y nucleares sobre personas realizados por el gobierno de los Estados Unidos.

Desde al advenimiento de los gobiernos republicanos en los ochenta y a partir de la segunda Guerra Fría, se ha sabido de casos como el Irán-Contras;[7] la "sorpresa de octubre", la tesis de que los republicanos hicieron un trato con los iraníes que tenían secuestrados ciudadanos americanos de que los mantuvieran prisioneros hasta pasadas las elecciones de 1980, con objeto que el entonces presidente demócrata, James Carter, no obtuviese el beneficio electoral de aquella liberación;[8] la dotación clandestina de armas a los opositores iraquíes por parte de Inglaterra y los Estados Unidos,[9] y las subsecuentes operaciones para encubrir estos manejos, entre las cuales, en la Gran Bretaña se conspiró para destruir las empresas involucradas y encarcelar testigos;[10] las grandes cantidades de dinero de los bancos e instituciones de crédito desviadas a operaciones bélicas y políticas; los cientos e incluso miles de cadáveres —incluyendo algunas monjas americanas y un obispo local— producto de la acción de los "escuadrones de la muerte" manejados por gobiernos de Centro América asesorados por norteamericanos;[11] y la gran tolerancia en el tráfico de cocaína en territorio norteamericano con el aval de la CIA.[12]

De hecho, se ha venido *produciendo* aquello a lo que tanto temía el presidente Eisenhower y que señaló en su discurso de 1960: el gran complejo militar-industrial (con sus propias agencias de Inteligencia) operando totalmente al margen de cualquier control democrático, manejando cientos de billones de dólares; con lo que se han producido auténticas e insoslayables conspiraciones, en cada esquina, día y noche. Ante esta realidad, Ralph J. Gleason elaboró esta aguda "Ley de interpretación de la política norteamericana después de Watergate": *No importa qué tan paranoico seas, lo que ellos están haciendo es mucho peor de lo que tú te puedes imaginar.*

Con Bill Clinton y los demócratas en la Casa Blanca, el Partido Republicano y sus aliados en la derecha se dedicaron a crear teorías conspiratorias acerca de Clinton. Algunas de ellas parecen tener bases de verdad, como el hecho de que cuando fue gobernador del Estado de Arkansas, permitió que la CIA utilizara el territorio del Estado como base de operaciones para enviar armas a Centro América y recibir cocaína en pago. Esta operación está apoyada con suficiente evidencia.[13] Mucho de lo que se dice, como lo de la gente asesinada por intentar descubrir alguna conspiración, la paranoica interpretación que retrata a Clinton tratando de maquinar la instauración de un *American Reich**, con la idea de suspender las elecciones para colocar a los Estados Unidos bajo el control de las Naciones Unidas, y cosas de este tipo, que rayan en la locura.[14] Muchas de estas invenciones no era más que una represalia política por parte de la derecha, el cobro de una larga lista de cuentas pendientes de los republicanos, comenzando por Watergate y Nixon, lo que fue capitalizado al máximo por los demócratas. Por medio de esta "guerra psicológica" los republicanos pretendían regresar a la Casa Blanca; aunque también, se dice, aquella campaña fue apoyada por las grandes compañías de seguros, a las que Clinton se atrevió a desafiar con su propuesta de un sistema gubernamental de seguro de gastos médicos.[15]

Después de Clinton tenemos a los Bush, producto de dos elecciones amañadas y algunos escándalos financieros (de los cuales los dos más conocidos son Enron y Worldcom) y el ataque a Irak prefabricado en la opinión pública con el argumento de que se estaban fabricando armas de destrucción masiva... ¿A quién podría sorprender, entonces, que se crea en teorías conspiratorias?

---

* *En referencia al "Deutsches Reich" de Hitler y los nazis. N del T.*

Chris Carter, el escritor y productor de las series de televisión Expedientes X, ha comentado que su percepción de los Estados Unidos se formó a partir de Watergate. Pero el evento clave de esta nueva percepción sin duda ocurrió una década antes, con el asesinato de John F. Kennedy y la marcada reticencia del público a creer en la versión oficial de que el asesino era un solo hombre llamado Lee Harvey Oswald. Si pensamos en quiénes pudieron haber iniciado esta corriente conspiratoria tenemos que tomar en cuenta a aquellos críticos de la Comisión Warren, quienes resistieron los embates de la propaganda gubernamental, la difamación personal y la manipulación de los medios; ellos porfiaron en su postura dubitativa, y su persistencia debilitó, y finalmente destruyó, los argumentos del gobierno, con lo que hicieron el primer gran agujero en la versión "Disney" de los Estados Unidos de América. A partir de las investigaciones de algunos individuos arriesgados creció el conocimiento acerca de la CIA y otras organizaciones americanas, y sin ese conocimiento, los medios americanos no hubieran sido capaces de investigar y esclarecer el caso Watergate y seguir adelante en todo este marasmo de teorías y especulaciones.

Cincuenta años de mentiras, de secretos, de manipulación de los medios y de operaciones encubiertas ahora se han vuelto en contra de las elites que manejan a la sociedad americana. El torrente de revelaciones que comenzó en 1963 ha tenido por consecuencia el que un gran número de personas ya no creen *en nada* de lo que dice su gobierno, y más allá de eso, una significativa minoría cree que el gobierno *es culpable de todo*, incluyendo planes para "lavar el cerebro" a los ciudadanos; la detonación de una bomba en Oklahoma para darse el pretexto de implementar leyes draconianas en contra del terrorismo; la organización del atentado en el que se derribaron las torres gemelas el 11 de septiembre para tener el pretexto de invadir Irak e intervenir en Afganistán; e incluso se le ha llegado a atribuir al gobierno americano una ultra secreta conspiración con seres extraterrestres que comenzó a finales de los cuarenta.

Entonces, ¿por qué tenemos ahora tantas teorías conspiratorias?; en parte es el resultado de los avances tecnológicos en la comunicación –computadoras e Internet– con la secuela del desbordamiento informativo; pero la esencia del fenómeno es la percepción, por parte de las masas, de la *realidad objetiva* de la política americana y su tendencia imperialista.[16] Veinte años después de *Encuentros cercanos del tercer tipo,* el simbolismo sigue vigente, y ahora los productores de los *Expedientes X* y de los *Cielos oscuros* utilizan el tema de los OVNIS como paradigma para introducir toda clase de ideas que tocan los linderos de la ciencia, evocando el misticismo y lo paranormal; todo ello fusionado con las teorías de las conspiraciones como una resaca incurable que viene desde 1963 y que da lugar a una serie interminable de pesadillas paranoicas. La mezcla paranormal-conspiracional que es el paradigma sobre el que se construyen estos programas contiene los siguientes elementos:

1) La aceptación de que lo que se describe como paranormal o "parapsicológico" es real, rutinario y operacional.

2) El descrédito de cualquier gobierno, especialmente el gobierno federal americano, en la creencia de que éste elabora planes secretos y es capaz de la mayor maldad...,

en pocas palabras: el gobierno conspira en contra de los ciudadanos.

3) La creencia en que ha habido una deliberada desinformación y encubrimiento acerca de la realidad de los Ovnis, y que eso es una estrategia para ocultar las relaciones entre miembros del gobierno y seres extraterrestres.

Estos elementos se pueden percibir con mayor claridad en la serie *Cielos oscuros* en donde se reeditan los eventos más importantes de la posguerra, interpretando este segmento histórico como el devenir de una conspiración entre sectores importantes del gobierno americano y alienígenas.

Notas

[1] Hay algunos ejemplos en la obra de Kevin McClure *Fortean Times Book of the Millennium*. Londres. John Brown Publishing. 1996.

[2] Vid. *Guardian*. 15 de febrero de 2000.

[3] La propuesta de que la gente ahora tiene dificultades para distinguir lo real de lo fantástico es en sí misma difícil de sostener y se mezcla con las consideraciones exageradas de los medios sensacionalistas que afirman, por ejemplo, que la gente siente lo que aparece en diarios, incluyendo los deportivos, como algo indigno de crédito. Las fronteras entre la credibilidad y el escepticismo pueden ser muy amplias en la actualidad. Hace unos años, el *Sunday Telegraph* publicó el caso de un policía de Londres que era "psíquico"; en este artículo él declara: *Antes mis colegas en la policía me tenían por persona "rara". Pero desde que la BBC y el programa* The X-Files *comenzaron a difundir estos temas, ahora se me da mucha más credibilidad...* Por supuesto, el programa Expedientes X es pura ficción.

[4] El hijo adolescente de unos amigos se involucró en un romance por Internet con una muchacha americana. Finalmente fue a visitarla a Kansas y quedó muy sorprendido de que en las escuelas de Kansas el tema de la evolución natural es tratado con el mismo peso intelectual que la "teoría creacionista". Esta tendencia está presente también en el sistema educativo británico, a

causa de la nueva postura educativa del Partido Laborista, que apoya las "escuelas de fe".

[5] Acerca de los campos de concentración en los Estados Unidos se puede consultar el sitio: http://www.apfn.org/apfn/camps.htm

[6] Uno de los escasos libros que reportan contactos extraterrestres poco amigables es el de Harold T. Wilkings *Flying Saucers on the Attack*. Nueva York. Ace Books. 1954.

[7] Vid. Peter Dale Scott, Jonathan Marshall y Jane Hunter. *The Iran Contra Connection: Secret Teams and Covert Operations in the Reagan Era*. Boston. South End Press. 1987.

[8] Vid. Robert Parry, *Trick or Treason: the October Surprise*. Nueva York. Sheridan Square Press. 1993. Parry dirige la sección *Media Consortium,* en: www.consortimnews.com

[9] Para obtener un panorama completo se puede consulta el libro de Kenneth R. Timmerman *The Death Lobby: How the West Armed Iraq*. Londres. Fourth Estate. 1992. También la obra de John Sweeney *Tradind with the Enemy: Arming of Iraq*. Londres. Pan. 1993.

[10] Chris Cowley, *Guns, Lies and Spies*. Londres. Hamish Hamilton. 1992. Gerald James, *In the Public Interest*. Londres. Little Brown. 1995, y David Leigh, *Betrayed: the explosive questions the Scott Inquiry must answer*. Londres. Bloomsbury. 1993.

[11] Acerca de América Central: William Bloom, *Killing Hope: U. S. Military and CIA Inventions Since World War 2*. Monroe, Maine. Common Courage Press. 1995. Este es un magnífico libro para comenzar. Bloom tiene un sitio de Internet: http://www.killinghope.org. También se pude consultar el libro de Robert Parry *Lost History: Contras, cocaine, the press and the 'Proyect Truth'*. Arlington. The Media Consortium. 1999.

[12] Vid. Peter Dale Scott y Jonathan Marshall, *Cocaine i ~litics: l~ ~ugs, Armies and the CIA in Central America*. Los Angeles. University of California Press. 1998. La Agencia admitió en 1998 que en 1962 había dado su visto bueno político para que se ignorase el tráfico de cocaína que realizaban algunas personas que trabajaban para los Contras. Se comprobó el hecho de que los traficantes de cocaína podían obtener una "visa de salida de la cárcel" a cambio de "donaciones" en efectivo para la causa de los Contras en Nicaragua. Al respecto se puede consultar el artículo *CIA turned a blind eye to the Contras drug smuggling* (La CIA se hace de la "vista gorda" ante el tráfico de drogas de los Contras), en *The Independent* del 7 de noviembre de 1998. Esta incómoda información fue desconsiderada por la mayoría de los medios americanos, tal vez porque habían gastado demasiado tiempo y energía en negarla.

[13] Se puede consultar, por ejemplo, el libro de Terry Reed y John Cummings, *Compromised: Clinton, Bush and the CIA* (Penmanin Books [USA]. 1995. ISBN 1883955025). Hay incluso alguna evidencia sustancial, aunque no conclu-

siva, de que Clinton, cuando era estudiante en Oxford, fue reclutado por la CIA para informar acerca de aquellos estudiantes americanos en Inglaterra que se oponían a la guerra de Vietnam.

[14] Por ejemplo (uno de muchos), en un artículo titulado *Murder, Bank Fraud, Drugs and Sex* (Asesinato, fraude bancario, drogas y sexo), el editor de la revista *Wall Street Underground,* da cuenta de 21 asesinatos supuestamente cometidos por el círculo de Clinton. Acerca del fenómeno de las "historias anti-Clinton" que fueron generadas por la derecha norteamericana, se pude consultar el artículo de Robert Parry *Dark smears of a mean machine* en *The Guardian* del 4 de agosto de 1994. Sydney Blumenthal, uno de los asesores de Clinton, describe con cierto detalle la campaña anti-Clinton en sus Memorias de 2003: *The Clinton Wars.* Londres. Viking, 2003)

[15] La revista de Austin, Texas, *Flashpoint,* de junio de 1995, dice en una de sus páginas: ¡Terror fascista se cierne sobre América!... La destrucción del *Reichstag* de Berlín y el edificio federal en Oklahoma siguieron patrones similares. Tanto Hitler como Clinton usaron cínicamente estas tragedias para justificar campañas en contra de sus enemigos... Un malvado "chiché" de los asesinos ávidos de dinero que ha infiltrado a grupos tan poderosos como la CIA, FBI, DIA, DEA, DOD y BATF.

[16] La idea de que todo lo que dicen los republicanos de los demócratas es falso, sin duda ha contribuido a la ceguera

de la izquierda liberal americana respecto de la verdadera personalidad de Clinton y de sus actos. En el capítulo cuarto se abunda sobre el tema.

4. No puedo verlos, pero sé que están ahí

La más perdurable de todas las teorías conspiratorias totalizadoras es sin duda la antisemita. Aunque la persecución de los judíos puede ser rastreada hasta la Edad Media, el momento histórico en que comienza la etapa moderna de este fenómeno es la famosa persecución de los judíos por parte de la policía secreta zarista, con la invención y publicación de los famosos *Protocolos de los sabios de Sión*. Esta perversa ficción ha venido circulando por más de un siglo,[1] y ha sido tomada en serio en la medida en que los racistas han necesitado fundamentar su odio. Los *Protocolos* son el ejemplo clásico de una tradición ampliamente cultivada, en la que se explican los cambios políticos y sociales como el efecto de las actividades de grupos secretos de conspiradores, en este caso se trata de judíos. El hecho de que en la Europa del siglo XIX se creyera en el poder de las sociedades secretas no es de sorprenderse. La mayoría de los regímenes de aquella época eran monárquicos, y muchas de esas monarquías eran en realidad manejadas por pequeños grupos que se formaban en torno al rey o a la reina y que constantemente entraban en contradicción con grupos rivales. Las elites políticas del siglo XIX en Europa también se enfrentaban con sociedades secretas de trabajadores, que eran los nacientes sindicatos, las uniones, los masones y otros grupos que pugnaban por llegar a posiciones de poder. En estas condiciones, el establecimiento del orden social requería el trato con las formas de poder "de hecho" de las sociedades secretas que emanaban del pueblo. La sombra de la guillotina estaba todavía presente en la mente colectiva de los líderes de Europa.

Después de la Revolución Rusa de 1917 y de la Primera Guerra Mundial, las fantasías acerca de los grupos secretos de masones y judíos se combinó con el miedo a la furia bolchevique, y de ahí surgieron dos grandes corrientes: La primera se expresaba en la propuesta de que *el comunismo es judaico*, creencia que no ha dejado de existir, aunque muy acotada, en la extrema derecha actual. La otra corriente es la que se expresa en la obra de la escritora inglesa Nesta Webster, quien atribuye las grandes transformaciones sociales de los siglos XVIII y XIX, principalmente las revoluciones francesa y rusa a la conspiración de los masones, y en particular de esa extraña facción que llaman "Iluminati".[2]

La teoría de Webster estuvo de moda en Inglaterra durante un corto periodo en los veinte, se dice que incluso Winston Churchil se interesó por ella una temporada; pero todo pasó rápidamente. Fue en los Estados Unidos donde echó fuertes raíces, principalmente a través de la Sociedad John Birch, cuyos seguidores, desde principios de los cincuenta, perfilaron una línea ideológica extremista, basada en la superioridad de la raza blanca y un furibundo anticomunismo. En sus inicios tomaron su inspiración de los relatos de Carrol Quigley de la Mesa Redonda (de lo que hablaremos más adelante), hasta elaborar una teoría compleja y estructurada en la que los Iluminati tienen un rol protagónico, aunque difuso.[3]

La Sociedad John Birch y otros pequeños grupos de la extrema derecha americana incorporaron en su ideología el sentir del siglo XIX respecto de las sociedades secretas, sazonado más tarde con el sentimiento "aislacionista" de los treinta, encaminado a impedir que los Estados Unidos fueran contaminados por el mal, representado por la decadente Europa; por supuesto, incorporaron también el anticomunismo, que había sido la ideología oficial del mundo occidental durante medio siglo, además de fragmentos de información real acerca de los movimientos angloamericanos (y más tarde europeos y japoneses). En su faceta más racional, este tipo de pensamiento tiende a establecer verdaderas marañas intelectuales en las cuales los conceptos se mimetizan unos con otros. En los años cincuenta ya se tenía una especie de catálogo de los enemigos de la sociedad americana, descritos como: "fabianos, sionistas, seguidores de Rhodes, pinkos, comunistas, *New Deal* (nuevo trato), *Fair Deal* (trato limpio), "banda socialista", etc.[4] Para 1997, cuando los seguidores de la John Birch habían identificado plenamente a los verdaderos enemigos, teniendo como paradigma a los Iluminati y al "Nuevo Orden Mundial", su lucha se encaminó en contra de la conspiración "Iluminati-Nuevo Orden socialista/comunista-francmasónica.[5]

Esta enmarañada teoría conspiratoria recibió un gran impulso con la publicación, en 1966, del libro de Carrol Quigley *Tragedy and Hope* (Tragedia y esperanza), donde se revela la existencia y las actividades de la "Mesa Redonda", instalada y financiada por Cecil Rhodes justo antes, y justo después, de la Segunda Guerra Mundial.[6] La revelación de este grupo, y en especial de sus relaciones con su homólogo americano, el llamado "Concilio de Relaciones Exteriores", parecía ofrecer el material suficiente para probar la realidad de la gran conspiración; aunque no el tipo de conspiración que hubiera gustado a la extrema derecha americana, pues en ella se tenía conocimiento tanto de los programas del Concilio como de los de Rhodes, pero no se veían las conexiones entre ambos. En el libro de Quigley se ataban algunos cabos, lo que ya era algo.

Para destacar la importancia del libro de Quigley, diremos que en los medios estatales se le trató de congelar;[7] pero no se logró esfumarlo, gracias a la extrema derecha, lo que es de agradecerse, pues esta obra es un valioso material de investigación que nos permite observar las líneas de influencia entre los grupos angloamericanos y europeos en la historia reciente.

La secuencia de eventos es la siguiente: En un principio (1908-1920), Cecil Rodhes creó, con sus propios medios, una serie de grupos de "Mesa Redonda" en varios países miembros de la Commonwealth británica: el Real Instituto para Asuntos Internacionales (Chatham House) en Londres, el Concilio para las Relaciones Internacionales (CFR) en Estados Unidos, y varias otras organizaciones con el nombre genérico de Instituto para Asuntos de Paz. Quigley en ningún momento provee evidencia de estas fundaciones, pero algunas fuentes de la época muestran que lo que se le atribuye a Rhodes es básicamente cierto.[8] Por otro lado, estas fundaciones tuvieron lugar cuando la Gran Bretaña todavía tenía un papel protagónico en el mundo, y esta red de grupos políticos trataban de formular e implementar relaciones foráneas que fueran benéficas para los Estados Unidos e Inglaterra principalmente, además de influir en la economía y la política globales en la dirección ideológica prevista por Rhodes; es decir, una Commonwealth de naciones dominada por un poder central angloamericano. El propio término "commonwealth" (bienestar común) es producto de las deliberaciones en las Mesas Redondas.[9]

Con el fin de la Segunda Guerra Mundial y el ascenso de los Estados Unidos como imperio, por encima de la Gran Bretaña, se terminó también el control inglés sobre las Mesas Redondas. Durante la guerra, el Concilio de Relaciones Exteriores (CFR) previó y planeó la expansión del imperio americano durante los primeros años de la posguerra sin consultar a la parte inglesa. A pesar de ser aliados de los británicos en contra de las potencias del Eje, algunos grupos de financieros americanos, junto con otros del gobierno, tomaron las condiciones de guerra como parte de un plan para meter las manos en el Imperio Británico cuando ésta terminara.[10]

La extrema derecha norteamericana está en lo cierto cuando dice que la CFR llegó a dominar la política de relaciones exteriores del gobierno americano durante un largo tiempo en la posguerra. Se podría agregar que prácticamente todos los líderes de la política exterior americana durante la posguerra fueron miembros de la CFR.[11] Sin embargo, para mí no es claro que esto signifique algo, algo más que el equivalente británico de este mismo tipo de funcionarios, los cuales, casi sin excepción, han estudiado en Oxford o en Cambridge.

En los primeros años de la posguerra se integraron otros grupos de dirigentes de elite. Uno de ellos fue el grupo Bilderberg, que se formó en 1954 bajo el liderazgo de Joseph Retinger, un polaco al que se consideraba una "eminencia gris". Se dice que este grupo fue fundado expresamente por la CIA para trabajar conjuntamente con el M16 británico. Por más de 30 años, el grupo Bilderberg pasó completamente inadvertido para los medios angloamericanos. Hubo un periodista británico, Gordon Tether, quien trató de escribir acerca del grupo en su columna en el *Finantial Times*, pero su colaboración fue rechazada y con el tiempo perdió su trabajo después de 20 años en el diario. Finalmente publicó los artículos rechazados por el *Finantial Times* en un pequeño panfleto.[12]

Aunque los principales medios informativos en ambos lados del Atlántico guardaron silencio durante mucho tiempo respecto del grupo Bilderberg, éste fue reportado en una revista americana llamada *The Spotlight*, con eventuales insertos a lo largo de una década.[13] En el posterior clima de apertura, el propio Tony Blair incluyó una cita referente a una visita a Bilderberg en uno de sus discursos ante el Parlamento, pero sólo como recapitulación ante anteriores declaraciones en el sentido de que él no había tenido relación alguna con este grupo. Más tarde, el parlamentario conservador Christopher Gill envió a Blair la pregunta de cuáles de los miembros de su gabinete habían asistido a las reuniones de Bilderberg; Blair –o su oficina–, en una respuesta escrita del 16 de marzo de 1998, respondió que "ninguno". La verdad es que, tanto Blair, como Gordon Brown, Peter Mandelson y George Robertson, todos de la corriente "neolaborista", asistieron alguna vez a las reuniones del grupo Bilderberg. Pero hay algo más interesante, yo fui informado por el propio administrador de Bilderberg que John Smith, líder del Partido Laborista antes que Tony Blair, fue miembro dirigente del grupo de 1989 a 1992, lo que contrasta fuertemente con la imagen pública de Smith, como un honesto abogado de la "vieja guardia" laborista.[14]

En los últimos dos años, aparentemente como respuesta a los reportajes acerca del grupo que han aparecido en la Red, se ha difundido mucha información acerca del grupo Bilderberg, con lo que ha perdido el secreto en el que se movía. Dos de los más importantes diarios británicos, el *Mail on Sunday* y el *Scotsman* han publicado varios artículos acerca del grupo. A finales de 1999, por primera vez en la historia del grupo, las minutas de la reunión de ese año fueron filtradas, y algunos extractos publicados en la revista *The Big Issue* (El Gran Tema) y el documento completo fue puesto en Internet.[15] Este asunto es realmente extraordinario; sin embargo no fue tomado en cuenta por los principales medios británicos. Aparentemente ahí "no había noticia".[16]

A medida que el mundo capitalista de la posguerra cambiaba, principalmente ante la presencia de Japón como una gran potencia económica, en 1970 el Concilio Americano de Relaciones Exteriores formó una "Comisión Trilateral" compuesta por miembros de los Estados Unidos, Europa y, por primera vez, Japón.[17]

¿Por qué la derecha?

El papel de los grupos dirigentes de elite, tales como la Comisión Trilateral y el grupo Bilderberg es una de las nuevas vertientes que rompe la tradicional actitud del pensamiento conspiratorio; las cosas salen a la luz y las teorías de la conspiración siguen produciéndose; aunque ahora son el terreno casi exclusivo de la extrema derecha.

Esto no fue siempre así. Cuando Jimmy Carter, un oscuro gobernador sureño, apareció como "puntero" en la carrera por la presidencia, en 1976, algunos grupos de la izquierda americana comenzaron a interesarse en la Comisión Trilateral, de la que Carter había sido miembro. Esta súbita expresión de interés llevó a la publicación del libro *Trilateralism*, en 1980, que sigue siendo el mejor texto de análisis de los grupos directivos de elite.[18]

Bill Clinton tampoco era más que un oscuro gobernador sureño hasta que fue adoptado por la Comisión Trilateral. ¿Es esto una coincidencia?... Seguramente no lo es. Cuando el partido demócrata tiene problemas para definir un candidato a la presidencia, la coalición de grupos demócratas incluye a los llamados "Dixiecrats"*, demócratas

---

* *En referencia a la música sureña de jazz (Dixie), formando la palabra con "cratos", el sentido griego de poder o gobierno.*

blancos de los estados sureños, con lo que se juega con los votos del sur, *más*, los votos de los negros del norte, lo que es un truco político que puede funcionar, asociado al manejo de la imagen del candidato como un hombre blanco y favorable para los intereses de líderes corporativos. Por otro lado, uno de los roles de la Comisión Trilateral en los Estados Unidos –con en Europa el grupo Bilderberg–, es analizar a los políticos y promover aquellos que parecen aceptables para los grupos de poder.

La extraña verdad acerca de esto es que la izquierda angloamericana ideológicamente no está interesada en los grupos de elite, con excepción de los grupos que están compuestos por figuras importantes de la política y la economía, a los que la izquierda identifica como los enemigos. En el caso de la elección del "trilateralista" Jimmy Carter, se generó un momentáneo interés de la izquierda angloamericana por estos movimientos, finalmente abandonaron tal interés, dejándoselo a la derecha.

Parece claro que es principalmente la derecha la que se interesa en conspiraciones de gran escala, y en los grupos de elite en particular, lo que no resulta claro es por qué. Es posible que parte de la explicación vaya en el sentido de que la derecha se enfoca en los sistemas más que en las personas; para decirlo crudamente, más en "el capital" que en "los capitalistas", lo que puede hacer que pierdan en sentido de observación de las personas y de los detalles.

Por otra parte, puede ser resultado de la idea de que los grupos de izquierda pueden ser "contaminados" al dar importancia a aquello que es motivo de interés para la extrema derecha.[19] En otras palabras, tal es el temor de la izquierda de ser identificada con la derecha, que todo lo que es tomado por la derecha se convierte en "intocable" por la izquierda. Pero la derecha radical tiene dos diferentes puntos de vista:

1. Existe la perspectiva que podríamos llamar de "línea dura", en la que priva la creencia de que el mundo es gobernado por fuerzas ocultas; se trata de las teorías clásicas totalizadoras, en las que todo lo que ocurre en la sociedad puede explicarse por la acción o no acción de los conspiradores. Aunque en sus versiones populares estas teorías se nos presentan como esencialmente falsas, no se debe caer en la simpleza de afirmar que *siempre* son falsas.

Existen poderosas sociedades secretas o semi-secretas que influyen en la configuración del mundo actual; pensemos, por ejemplo, en los masones (especialmente en la versión italiana P2), en el Opus Dei o en los Caballeros de Malta.[20] Recientemente se ha despertado el interés público en una sociedad secreta con base en la universidad de Yale llamada *Skull and Bones* (Esqueleto y Huesos).[21]

En Inglaterra los masones tienen influencia en ciertos sectores de la sociedad, especialmente en la policía y algunos gobiernos locales.[22] En Italia, el grupo P2 llegó a tener poder a nivel nacional durante un tiempo.[23] Nada se sabía del P2 en 1970 y sin embargo era un poder real... ¿cuál es el equivalente ahora de lo que todavía no somos conscientes?

2) En la perspectiva de "línea blanda" de la derecha se sostienen teorías como éstas: Existen fuerzas transnacionales que buscan sobreponerse a los Estados o a las instituciones del orden social. Esta postura es correcta en términos generales. Ciertamente existen fuerzas globalizantes que presionan para disminuir los Estados nacionales.

El sistema capitalista mundial está regulado –en teoría al menos– por instituciones como el Fondo Monetario Internacional, el Banco Mundial y la Organización Mundial de Comercio, todo lo cual es dominado por los americanos, con grupos e instituciones que representan los intereses de las grandes corporaciones, la mayoría de ellas americanas.

A las empresas transnacionales no les gustan los Estados nacionales porque son las únicas entidades organizadas capaces de oponérseles. Las políticas del Fondo Monetario Internacional o la Organización Mundial de Comercio responden, en principio, a las expectativas de los grupos directivos de elite, tales como el grupo Bilderberg o la Comisión Trilateral.[24]

La derecha ha identificado correctamente la significación de estos grupos de poder, pero ha malinterpretado sus funciones, identificándolos como los máximos controladores –los comités ejecutivos o directivos– del capitalismo mundial, cuya última finalidad es la subyugación del globo para lograr su plan de establecer un Nuevo Orden Mundial.[25]

Sin embargo, la evidencia sugiere que sociedades como la CFR, Bilderberg, la Trilateral, etc., no poseen capacidad ejecutiva, sino solamente discursiva, y su acción se orienta a producir consensos y no a dar órdenes. Pero por lo menos la derecha toma en serio a estos grupos; la izquierda y los principales medios de comunicación simplemente los ignoran.

La Comunidad Económica
Europea

Bien podríamos tomar la Comunidad Económica Europea como un ejemplo de la influencia de los grupos de elite. Romano Prodi, presidente de la Comisión Europea en 1990, fue miembro del grupo Bilderberg en los ochenta, lo cual ha negado sistemáticamente. De los 20 comisionarios que componían el gabinete de Prodi, siete fueron miembros identificados de grupos de elite:

▷ Mario Monti, miembro del Bilderberg de 1983 a 1993, y miembro del comité ejecutivo de la Comisión Trilateral en Europa, de 1988 a 1997.

▷ Pedro Solbes Mira, miembro de la Comisión Trilateral desde 1996, y de la Bilderberg en 1999.

▷ Chris Patten, Comisión Trilateral.

▷ Gunther Veheugen, Bilderberg 1995

▷ Antonio Vitorino, Bilderberg 1996

▷ Erikki Likanen, Bilderberg 1999

▷ Frist Bolkestein, miembro del Real Instituto de Asuntos Internacionales, Chatham House, en Londres; Bilderberg 1996.[26]

En su concepción original, la Comunidad Europea se basó en la creación de elites económicas y políticas; el matiz democrático –establecimiento de un parlamento y la elección de sus miembros– fue elaborado después.[27] El ensayo de Hugo Young acerca de las relaciones entre Inglaterra y la Comunidad Económica Europea[28] describe al detalle la conspiración de una sección del Estado británico tendiente a la inserción de Inglaterra en la Comunidad. Young parece pensar que se suavizan los términos o se destacan irónicamente algunos aspectos de esta conspiración con el título de su libro: *The Blessed Plot* (El complot bendito); pero de hecho, utilizando fuentes oficiales –entre otras, el relato de la Oficina de Relaciones Exteriores de las negociaciones con la Unión Europea–, él describe una auténtica conspiración perpetrada por un grupo de políticos que compromete a todo el pueblo británico.

El tío Sam *nos necesita*

El movimiento europeo fue una de las organizaciones creadas por la CIA en los cincuenta, como parte de un programa de alianzas anti-soviéticas.[29] La Guerra Fría fue efectivamente eso, una fría lucha librada en los frentes de las conspiraciones por ambos lados. Cada parte informaba a su población acerca de las conspiraciones de los otros, pero obviamente no de las suyas. Los intentos norteamericanos y británicos para penetrar el espacio aéreo de la Unión Soviética en misiones de espionaje dio lugar a varios incidentes violentos en los que murieron cientos de personas, pero de eso los medios no se enteraron.[30] En los cincuenta, los americanos realizaron una amplia campaña para controlar el mundo no comunista. A mediados de esa década lograron penetrar, en mayor o menor grado las organizaciones de comercio de Europa occidental[31] y la CIA estaba realizando una operación de propaganda masiva por medio de una organización llamada *Congress for Cutural Freedom* (Congreso para la libertad cultural).[32]

También en la Gran Bretaña se echaron a andar algunos programas destinados a manipular la opinión pública. Se realizaron contactos parlamentarios con los Estados Unidos, programas de becas para estudiantes británicos y otros para intercambio de profesores en universidades de ambos países. Durante esa época también se realizó un programa de relación política organizado por el Departamento de Estado americano, llamado *Young Leader Programme* (Programa de líderes jóvenes), en el que participaron, a diferentes tiempos, Roy Hattersley y Margaret Thatcher. En 1983, Tony Blair participó en un intercambio similar.

Las alianzas angloamericanas se fueron estructurando por medio de una gran cantidad de nuevas organizaciones, entre las que destacan el *British Atlantic Committee*, el *Atlantic Council*, el *British North-American Committee*, el *Brtitish Atlantic Group of Young Politicians*, el *Atlanctic Education Trust*, el *Atlantic Education Centre for Teachers*, la *Standing Conference of Atlantic Organisations*, el *Trade Union Committee for European and Transatlantic Understanding*, y muchos otros. Supuestamente, estos organismos norteamericanos tenían su contraparte en los demás países integrantes del Tratado del Atlántico Norte, tanto como en los demás aliados de los Estados Unidos, aunque no se conoce mucho al respecto;

tal vez porque, generalmente, esta clase de organismos solamente se hacen visibles al público durante periodos de crisis.
Cuando el gobierno de Nueva Zelanda, a principios de los
ochenta trató de impedir que navíos americanos con cargas
nucleares tocaran sus puertos, de inmediato se hizo alusión
a una serie de organismos que al parecer ya existían entre
ambos países.[33]

De las organizaciones de este tipo, la de mayor interés
en Gran Bretaña es la *Trade Union Commitee for European and
Transatlantic Undestanding* (TUCETU) (Comité para el enten-
dimiento con Europa y ultramar). Esta organización comenzó en los setenta como una iniciativa laborista y fue
fundada por Joseph Godson, quien fuera agregado para
asuntos laborales de la embajada de los Estados Unidos en
Londres durante los cincuenta. Desde entonces, el TUCETU
jugó un papel importante en la definición de las políticas
del partido laborista. El Secretario de Defensa George
Robertson, ahora miembro prominente de la OTAN (Organización del Tratado del Atlántico del Norte) fue miembro
del comité de 1979 a 1990; Lord Gilbert, quien fuera Ministro de Estado para la Procuración de la Defensa, fue
vicepresidente de la TUCETU, y también formó parte del
comité el Ministro de la Defensa John Speller.[34]

BAP

Es muy larga la lista de las organizaciones fundadas por
los americanos en busca de mantener la afinidad de las

elites del poder británico con las políticas americanas en asuntos internacionales. La más reciente de estas organizaciones comenzó siendo la llamada *British-American Project* (BAP). La gran mayoría de los ciudadanos ingleses no saben nada de esta organización simplemente porque los medios de comunicación no hablan de ella, de la misma forma que también ignoran la Fundación Dichley,[35] la CFR, la Biderberg y la Comisión Trilateral. Sin embargo la BAP organiza importantes reuniones anuales, posee oficinas tanto en Inglaterra como en los Estados Unidos y tiene una publicación periódica cuya circulación es, al parecer, sumamente restringida. En esta publicación, los miembros del BAP conocen las biografías y el desarrollo de las carreras políticas de otros miembros de la organización; el mensaje es claro: "quien está con nosotros llega lejos". Después de las elecciones generales de 1997, el encabezado de la revista decía: "Gran Golpe del BAP", con lo que celebraba el acceso de cinco miembros jóvenes de la organización en el triunfante gobierno laborista: Marjorie Mowlam, Chris Smith, Peter Mandelson, George Robertson y Elizabeth Symons. Otros personajes del Partido Laborista que han estado involucrados con el BAP son: Jonathan Powell, líder del equipo de Tony Blair, Geoff Mulgan, miembro de la unidad política de Downing Street* y Matthew Taylor, quien en un periodo fue líder de la mayoría laborista.[36]

El BAP es interesante, pero no excepcional, y probablemente no demasiado influyente. Esta clase de grupos no están directamente interesados en la manipulación directa

---

* *Residencia-oficina del Primer Ministro inglés; equivalente a la Casa Blanca en los Estados Unidos.* N del T.

de la política, en realidad son una expresión de una sensibilidad pro-americana y en favor de la posición anglo-americana en la OTAN. Al igual que los grupos de Mesa Redonda, el Concilio de Relaciones Exteriores, Ditchley, Wilton Park[37] y Chatman House, el BAP no es propiamente una sociedad secreta, sino simplemente una organización discreta. Esta aversión a la publicidad y la tradicional discreción continuará mientras las elites británicas y americanas funcionen armónicamente y sin estridencias, definiendo sus agendas, realizando sus trabajos y manteniendo sus programas sin la intromisión del electorado y los cuestionamientos que implica la democracia. Pero tales grupos también seguirán siendo tema de conjeturas conspiratorias mientras permanezcan en las sombras de su discreción.

La teoría conspiratoria oficial

En el seno de los poderes *de facto* de la Europa del siglo XIX, principalmente en los grupos monárquicos, fue donde nació la moderna inquietud acerca de las conspiraciones, como una manera de explicar la animadversión de los ciudadanos hacia ellos: en realidad, la supervivencia de teorías conspiratorias totalizadoras a principios del siglo XXI es un anacronismo histórico. En muchos casos, estas teorías fueron manejadas como parte de la propaganda oficial de los gobiernos occidentales durante buena parte del siglo XX, frente al poderío de la desaparecida Unión

Soviética. Una vez que la conspiración comunista fue fijada en la mente del público con un cierto grado de credibilidad, la extrema derecha no encontró gran dificultad para insertar otro tipo de creencias conspiratorias. Desde 1918 hasta la caída del imperio soviético (1989-1991), los gobiernos, a través de los medios, indujeron a la gente a creer en la "amenaza roja". Después de la Segunda Guerra Mundial, los más importantes teóricos de la conspiración en Inglaterra, aquellos que tenían gran influencia en el público, se convirtieron en valerosos combatientes en el campo de la Guerra Fría, produciendo una gran cantidad de historias de espionaje y subversión en las que los soviéticos jugaban siempre el papel de villanos. Esta corriente alcanzó una especie de clímax en el periodo de 1974 a 1977, cuando se implementó un programa a gran escala de desinformación preparado por los servicios de inteligencia angloamericanos, con la principal finalidad de disolver el movimiento laborista inglés, y específicamente desacreditar a Harold Wilson y al Partido Laborista, procurando hacer sentir al público que la "amenaza roja" se cernía sobre la Gran Bretaña.

La señora Thatcher fue una creyente en los relatos de los combatientes de la Guerra Fría, y en que la Unión Soviética era una amenaza para Inglaterra. Ella veía en el movimiento del sindicalismo una forma de subversión propiciada por Moscú. Sobre la base de que el Primer Ministro laborista había hecho una serie de visitas a la Unión Soviética, tanto la señora Thatcher como muchos altos miembros de la facción derechista del Partido Tory pretendieron sospechar que Wilson era agente de la KGB. Ellos sostenían esta creencia con tanta fuerza que influyeron en algunos miembros de la administración del sucesor de Wilson, James Callagham.[38] Después de convertirse en líder del Partido Tory, a mediados de los setenta, Thatcher fue refinando su creencia en la conspiración comunista, asesorada por un grupo de "combatientes" de la Guerra Fría, incluyendo al que fuera, tal vez, el más importante ideólogo de esta corriente: Brian Crozier.[39] Durante una buena parte del periodo de la posguerra, Cozier trabajó para la CIA y los servicios británicos de propaganda y desinformación, llamado, paradójicamente, "Departamento de Investigación e Información" (IRD), cuya principal función era el propagar la teoría oficial de la conspiración comunista.[40]

Para asegurarse de que la gente realmente creía en la realidad de esta conspiración, los servicios de Inteligencia angloamericanos –como una de las más claras expresiones de las teorías conspiratorias institucionales del siglo XX– invirtieron grandes cantidades de dinero en la propagación de su teoría, y también, simultáneamente, en denigrar a cualquiera que propusiera otra cosa, aunque se tratase de otra teoría conspiratoria. Esta operación alcanzó su más alto nivel en 1967, cuando la CIA –que es un grupo conspirador a nivel mundial– repartió un memorándum entre su personal defendiendo lo que debía creer y sostener respecto del asesinato de Kennedy. En ese año se produjo la primera oleada de críticas a la comisión Warren, iniciada por Mark Lane y Edward Epstein, la cual comenzó a captar el interés del público. Fue entonces cuando, desde el cuartel general de la CIA, en Langley, Virginia, se emitieron las instrucciones que conminaban a todo el personal a utilizar su influencia política y en los medios de comunicación para propagar la idea de que el tipo de conspiración del que hablaban los críticos de la comisión Warren era falsa.

Tres años antes de este evento, que tiene visos tragicómicos, el contacto formal con la comisión Warren, dedicada a la investigación del magnicidio, era James Jesus Angleton, jefe de los servicios de contra-espionaje de la CIA. El departamento que dirigía Angleton estaba muy embrollado con el asunto de las misteriosas visitas que había realizado Oswald a la ciudad de México.[41] Angleton había estudiado a fondo los mensajes radiofónicos de los soviéticos durante la Segunda Guerra Mundial, que eran el producto de una ardua labor de decodificación, y a través de ellos se había dado cuenta de la escala del espionaje soviético en América durante la guerra,[42] con lo que, según algunos, su nivel de paranoia aumentó al grado de locura. Entre otras cosas, Angleton creía que las contradicciones entre los partidos comunistas de China y la Unión Soviética que se habían producido en los sesentas (incluyendo las escaramuzas violentas en sus fronteras) no era más que una deliberada operación tendiente a crear una falsa idea de enemistad entre ambos países, con la finalidad de que el Occidente se creyera seguro y "bajara la guardia".[43] Aún ahora, existen miembros de los servicios de Inteligencia tanto americanos como británicos que creen, después de muchos años de la disolución del imperio soviético, que la caída del muro de Berlín y la reunificación de Alemania fue una estrategia de falsa impresión. ¡Esta sí que es una teoría conspiratoria en toda la extensión de la palabra!

NOTAS

[1] La falsedad de los Protocolos ha sido demostrada ampliamente. Yo poseo la versión de 1938 del libro de John Gwyver *Portraits of Mean Men: A Short History of the 'Protocols of the Elders of Zion'.* Bristol, Cobden-Sanderson, 1938). El texto más conocido al respecto es el de Norman Cohn, *Warrant for Genocide: the Mith of the Jewish wold conspiracy and the Protocols of the Elders of Zion.* Harmondsworth. Penguin. 1967)

[2] Acerca de Nesta Webster se puede consultar: Richard Gilman, *Behind World Revolution: the Strange Career of Nesta H. Webster.* Ann Arbor. Insight Books. 1982. Roberts (ver nota 14 del primer capítulo) habla de lo poco que se sabe acerca de los Iluminati. A pesar de la ausencia de pruebas de la existencia de los Iluminati más allá de 1790, el grupo sigue despertando imágenes fantasiosas en mucha gente. La *Christian Science University* –al parecer un apéndice de la organización de la Iglesia de la Ciencia Cristiana en los Estados Unidos– reporta en su página web, www.tscu.org, que *Un diabólico y satánico artilugio legal ha sido inventado por los agentes del Anticristo, para ser aplicado en todo el mundo por medio de una organización llamada "Los Iluminati".*

[3] Vid., por ejemplo, Gary Allen y Larry Abraham, *None Dare Call it Conspiracy*, y el suplemento de Abraham *Call it Conspiracy*, ambos citados en la nota 13 del capítulo 1.

4   Citado en George Thayler, *The Further Shore of Politics.*
     Londres. Allen Lane/Penguin. 1968. p.77. Aunque la in-
     fluencia de la Sociedad John Birch declinó desde prin-
     cipios de los sesenta, existe todavía y tiene una página
     web: www.thenewamerican.com

5   Hay una descripción de ello en un artículo de 1977 de la
     revista de la Iglesia Cristiana Evangélica de Waxahashie,
     Texas.

6   En origen, Macmillan (US), 1966; pero reproducido por
     varias organizaciones de derecha de los Estados Unidos.
     El único libro no derechista que conozco y trata sobre
     el tema es el de Robert Eringer, *The Global Manipulators,*
     (Bristol. Pentacle. 1980).

7   Al parecer, sólo llamó la atención de dos pequeñas re-
     vistas: *Virginia Quaterly Review.* Primavera de 1966. y *Annals
     of the American Academy of Political and Social Science.* No-
     viembre de 1966.

8   Yo escribí un artículo sobre esto en *Lobster,* número 1,
     que se reprodujo en el número 25, al llegar Clinton a la
     presidencia y manifestar su admiración por Quigley,
     quien fuera uno de sus tutores en la universidad. Sus
     comentarios acerca de Quigley generaron delirantes
     fantasías en la extrema derecha; sin embargo, de los
     comentarios de Clinton se desprendía que él tenía muy
     escaso conocimiento de las obras de Quigley y, a pesar
     de su admiración, la extrema derecha difícilmente podía

identificarlo como parte de la supuesta conspiración para establecer el Nuevo Orden Mundial.

[9] Rhodes soñaba con la reunificación de Gran Bretaña y su antigua colonia en América. Uno de los discípulos americanos, miembro de la Mesa Redonda, argumenta este sueño en *Union Now with Britain*. Londres. Jonathan Cape. 1941. Esta idea se refleja todavía en la actitud de algunos miembros del partido conservador inglés y medios financieros británicos, en el sentido de preferir la creación de un área de libre comercio con los Estados Unidos en vez de la inserción en la Comunidad Económica Europea.

[10] Vid. Laurence H. Shoup y William Minter, *Imperial Brain Trust*. Londres y Nueva York, Montly Review Press. 1977, donde se trata el tema de los grupos creados por el Concilio de Relaciones Exteriores, durante la Segunda Guerra Mundial, para planear las alternativas de acción en lo que sería la época de la posguerra.

[11] Vid. www.geocities.com/CapitolHill/2807

[12] C. Gordon Tether, *The Banned Articles of C. Gordon Tether* (ISBN 00905821009).

[13] La revista *The Spotlight* documenta los grupos de elite dominados por Estados Unidos, como Bilderberg, y ofrece a sus lectores una visión catastrofista del Nuevo Orden Mundial, tras el cuál detecta la mano de la conspiración de los banqueros judíos.

[14] En 1992 se convirtió en líder del Partido Laborista.

[15] Vid. *The Scotman*, 11 de mayo de 1998; o *Mail on Sunday*, del 14 de junio de 1998. Tal vez el mejor artículo acerca de Bilderberg es el de Mike Peters: *Bilderberg and the origins of the EU*, en *Lobster* (diciembre de 1996). Este artículo y otros materiales se encuentran en www.bilderberg.org. El primer libro publicado en Inglaterra que no es de procedencia de los grupos de ultra derecha es el de Robert Eringer, *The Global, Manipulators* (ver nota n° 6). Dentro de las publicaciones de extrema derecha, hay un capítulo dedicado a esta organización en el libro de A. K. Chesterton *The New Unhappy Lords*. (Hampshire: Candour Publishing. UK, cuarta edición. 1975). Las minutas de la reunión de 1999 están en: www.bilderberg.org.

[16] Mi idea es que lo que funciona es más la autocensura que la censura en sí misma; después de todo, ¿para qué escribir un libro que muy probablemente va a ser rechazado por los editores?

[17] La página de la Comisión Trilateral es: www.trilateral.org. Acerca de la historia de la organización, y más acerca del grupo Bilderberg, se puede consultar Holly Sklar (ed.) *Trilateralism*. Boston. South End Press. 1980). De entre los miembros de la Comisión destacan Jimmy Carter y William Jefferson Clinton.

[18] Editado por Holly Sklar, fue subtitulado como *The Trilateral Commision and Elite Planning for World Managment*.

Aunque al parecer fue escrito desde una perspectiva de izquierda, el libro ha sido leído principalmente por gente de la derecha americana.

[19] La idea de la "contaminación" política e ideológica fue expresada por primera vez por Mike Peters, en su ensayo *Bilderberg and the Origins of the US*, en *Lobster*, n° 32. Esto está en la Web, en: www.bilderberg.org.

[20] Uno de los primeros estudios serios acerca del tema es el ensayo de Jonathan Marshall *Brief notes on the political importance of secret societies*, originalmente publicado en la efímera revista de Marshall *Parapolitics in USA*, y reproducido en *Lobster*, números 5 y 6, 1984.

[21] Vid. Kris Mulligan (ed.) *Fleshing out Skull and Bones*. Waterville, Oregon. Trine Day, 2003). Contiene mucha información de los miembros de la organización *Skull and Bones* (Esqueleto y Huesos), además de una gran cantidad de planteamientos conspiratorios sin sentido. No es muy claro para mí que Skull and Bones haya sido alguna vez una sociedad secreta. Cualquiera que visite Yale puede ver la sede de esa organización en un gran edificio en el centro del campus.

[22] Vid. Martin Short, *Inside the Brotherhood*. Londres. Grafton Books. 1989.

[23] Acerca de la masonería P2 se puede consultar Philip Willan, *Puppet Masters: The Political Use of Terrorism in Italy*. Londres. Constable. 1991.

24 Acerca de la Comisión Trilateral, ver Stephen Gill, *American Hegemony and the Trilateral Commission.* Cambridge. Cambridge University Press. 1990.

25 Estas ideas, ahora difundidas en los Estados Unidos por la derecha populista y cristiana, son sustentadas por personajes como Pat Robertson, quien fuera candidato a la presidencia por parte del Partido Republicano. El libro de Robertson, publicado en 1991, fue objeto de dos largos artículos que expresaban asombro e incredulidad acerca de este asunto; estos aparecieron en *New York Review of Books,* del 2 de febrero de 1995, y del 20 de abril del mismo año.

26 Esta sección de la elite de afiliados a la Comisión en los Estados Unidos es el sumario de un artículo que apareció en *Lobster* (38). La información acerca de estos afiliados proviene de sus propias cartas de intención.

27 Se dice que hay más de 10 000 agentes en Bruselas, encargados del cabildeo, que en realidad trabajan para la Comisión Europea. Ver *Europe Inc.* (London. Pluto. 2000), p..3. Este libro es un trabajo propio de una organización de observadores europeos, y su material se encuentra en el sitio www.xs4alll.nl/ceo/. Este es el lugar más adecuado para comenzar a comprender la verdadera naturaleza de la política norteamericana.

28 *This Blessed Plot.* (Londres. Macmillan. 1998).

[29] Vid. Richard Aldrich, *The Hidden Hand: Britain, America and Cold War Secret Intelligence*. Londres. John Murray. 2001.

[30] Vid. Paul Lashmar, *Spy Flights of the Cold War*. (Stroud. Glos Sutton. 1996).

[31] Este tema se ha documentado ampliamente. Ver Anthony Carew, *Labour under the Marshall Plan*. Manchester. University Press. 1987. También se puede consultar Hugh Wilford, *The CIA, the British Left and the Cold War*. Londres. Frank Cass. 2003. Este libro presenta muchos ejemplos de las operaciones de los Estados Unidos en la primera época de la posguerra.

[32] Vid. Frances Stonos Saunders, *Who Paid the Piper?* Londres. Granta. 1999. Para mayores detalles de la propaganda de guerra desplegada por los Estados Unidos de 1945 en adelante, ver Scott Lucas, *Freedom War; the US Crusade Against the Soviet Union, 1945-56*. Manchester. Manchester University Press. 1999.

[33] Ver el capítulo 5 del libro de Paul Rogers y Paul Landais-Stamp, *Rocking the Boat: New Zealand, the United States and the Nuclear-Free Zone Controversy in the 1980s*. Oxford. Berg. 1989.

[34] Esta sección acerca del TUCETU es tomada del artículo de David Osler, *America and Tory intervention in the British unions since 1979s,* en *Lobster*, 33.

[35]   Se trata de una organización británica que ha actuado como anfitriona de las reuniones de las elites americanas y europeas, cuya sede se encuentra en Dichley Park.

[36]   Para más detalles acerca de los miembros del BAP ver el ensayo de Tom Easton en *Lobster* (33). Una versión corta de la misma información se encuentra en John Pilger, *Hiden Agendas* (Londres. Vintage. 1998. pp. 96-97.

[37]   Se trata de otra locación británica para las reuniones de elite, fundada por la Oficina de Asuntos Foráneos. Vid. Dexter M. Kreezer, *A Unique Contributions to International Relations: the Story of Wilton Park,* Berkshire. Macgraw Hill. 1973.

[38]   Vid. Kenneth O. Morgan, *Callagham: a Life,* Oxford. Oxford University Press. 1997. p. 610. Las operaciones de 1974 a 1977 son tratadas en detalle por Stephen Dorril y Robinson Ramsay, *Smear! Wilson and the Secret State.* Londres. Fourth Estate. 1991.

[39]   Acerca de sus reuniones con Thatcher y su carrera como agente de Inteligencia, ver sus memorias, *Free Agent*, Londres. Harper Collins. 1995.

[40]   Vid. Paul Lashmar y James Olivier, *Britain Secret Propaganda War 1948-1977,* Stroud, Glos. Sutton Publishing. 1998. IRD fue formalmente anexado a la Oficina de Política Exterior, pero entre los cincuentas y sesentas se desarrolló como una burocracia autónoma.

41 Vid. Peter Dale Scott, *Deep Politics II: essays on Oswald, Mexico and Cuba,* Skokie Illinois. Green Archive Publications. 1995.

42 Estos trabajos de decodificación se realizaron sobre grabaciones de transmisiones de radio entre la embajada de la Unión Soviética en Washington y Moscú, durante la guerra. Moscú creía que estas transmisiones eran indescifrables, pero se equivocó. Los servicios de Inteligencia americanos lentamente las decodificaron y de esa manera conocieron al detalle las formas de espionaje soviético en los Estados Unidos durante esa época. Sin embargo esa información había permanecido en secreto hasta hace poco tiempo. Sobre esto se puede consultar el libro de John Earl Haynes y Harvey Klehr, *Verona: Decoding Soviet Espionage in America,* Londres. Yale University Press. 1999. Y también Allan Weinstein y Alexander Vassiliev, *The Haunted Wood,* Nueva York. Random House. 1999.

43 Acerca de Angleton se puede leer la biografía de Tom Mangold, *Cold Warrior,* Londres. Simon and Schuster. 1991.

5. Razones de Estado

Tanto en Inglaterra como en los Estados Unidos, los complejos de Inteligencia militar y los de Seguridad Nacional creados durante la Guerra Fría trabajaban en la oscuridad y dependían del secreto para mantener su estructura. Esto queda bien ejemplificado en Inglaterra por el hecho de que las organizaciones M15 y M16 se gastaron más de doscientos millones de libras esterlinas por encima de su presupuesto en la construcción de sus nuevas oficinas en Londres sin que el sistema político se enterara de ello.[1] A pesar del hecho de que los más grandes traidores británicos en la pasada centuria fueron oficiales de Inteligencia, los políticos, como simples ejecutores del orden establecido, no poseen la suficiente jerarquía para acceder al "mundo secreto". En cierto sentido, el complejo sistema secreto de los estados modernos –militar, policíaco o de Inteligencia y Seguridad– depende de la idea de la "razón de estado", por lo que pueden considerarse sistemas conspiratorios estatales; y frecuentemente, sus conspiraciones no son congruentes con las necesidades e intereses de los ciudadanos que, con sus impuestos, sostienen el aparato conspiratorio.[2]

La investigación de estas conspiraciones estatales y de sus actividades es, en esencia, "investigación conspiratoria", aunque es con más frecuencia considerada como una rama espuria de la ciencia política, o "parapolítica", lo que no deja de tener un tono despectivo; sin embargo, esta forma de investigación toma en cuenta el quehacer político en su dimensión de realidad, con lo que se embarca en estudios muy complejos. Cientos de libros, una media docena de revistas, quién sabe cuántos sitios de Internet y cuántos millones de páginas de material desclasificado de la CIA y FBI, todo ello en referencia a un único caso: el asesinato de John F. Kennedy, forma un cuerpo de estudio de una enorme, casi inimaginable complejidad,[3] y esto podría ser aplicable, aunque en menores dimensiones, a muchos de los escándalos políticos de los últimos 20 años; por ejemplo, la documentación del caso Irán-Contras, o el asunto del espionaje del gobierno inglés en el Ejército Republicano Irlandés, o el armamento entregado secretamente a los disidentes iraquíes. Los ejemplos son innumerables.

La investigación conspiratoria sin duda complica las cosas; pero la "teoría" conspiratoria, por el contrario, las simplifica. El caos del sistema económico mundial es reducido a un complot de banqueros judíos. Los Estados Unidos estuvieron en Vietnam para no perder el abastecimiento de heroína proveniente del "Triángulo de Oro", o para proteger la industria bélica de Howard Hugues. Los Estados Unidos están inundados de drogas por una conspiración de los rusos y/o los chinos, que buscan dañar a los americanos. Inglaterra está en declinación económica porque la KGB manipuló los sindicatos. El imperio británico se perdió porque muchos traidores se pasaron al bando de los comunistas... y así por el estilo. Esta clase de simplificaciones aportan el encanto de las teorías conspiratorias. Los males del mundo son explicables por la acción de este o aquel grupo o individuo, y con ello se elimina toda la dificultad, el tiempo y el trabajo que significa analizar un mundo y una política que son, en realidad, complejos.

Hablando llanamente, podríamos decir que las teorías reduccionistas y totalizadoras son malas teorías, propias de un tipo de pensamiento que desdeña la razón. Lyndon LaRoche no tiene *ninguna prueba* de que la familia real británica maneja el tráfico de heroína en el mundo. *No existe evidencia alguna* de que la política mundial haya sido regida por un grupo derivado de los masones llamado "Iluminati", que opera desde el siglo XVIII. *No hay pruebas* de que el sistema financiero mundial sea controlado por banqueros judíos. *No se tiene evidencia* de que existan acuerdos entre miembros del gobierno de los Estados Unidos y un grupo de extraterrestres, y de que esta conspiración haya comenzado desde finales de los cuarenta. *No hay evidencia* de que los principales líderes del mundo sean en realidad alienígenas disfrazados. Muchas de estas creencias ni siquiera merecen el nombre de "teorías", se trata de formas enfermizas de interpretación de la realidad.

Lo paradójico de este asunto es que, en cierto sentido, las personas que producen o reciclan estas creencias en conspiraciones globales en cierto sentido tienen razón, pero sólo en "cierto sentido". Es verdad que algunas áreas de la política y de la economía mundiales son controladas por pequeños grupos. Un amigo mío asistió a una conferencia de banqueros en Nueva York que fue presidida por un alto funcionario de la Reserva Federal americana; él comenzó su discurso diciendo: *Señoras y señores, los que estamos aquí controlamos dos terceras partes del capital mundial...* El orden financiero mundial ha sido diseñado por banqueros y para beneficio de los banqueros. Algunos de ellos son judíos. Es verdad que el grupo Bilderberg existe y se reúne periódicamente (la minuta de la junta de 1999 fue publicada en su página de Internet, y era algo tan tedioso y anodino como tiene que ser la historia de una larga reunión de personas que no se conocen muy bien entre sí). También la Comisión Trilateral existe y en su seno se discute la propuesta de un nuevo orden mundial. Después de todo, los miembros de este grupo son grandes capitalistas transnacionales y sienten una especial aversión al desorden, pues eso es muy malo para sus negocios. Seguramente ellos no pretenden el tipo de orden en el que fantasean los paranoicos de la extrema derecha americana, pero ciertamente quieren un tipo de orden que los beneficie y conspiran para lograrlo.

La creencia en las "megaconspiraciones" es muy emocionante... por un tiempo. Desafortunadamente, la consecuencia práctica de estas teorías es que en realidad son útiles para los grupos de poder conspiratorios, pues les permite cubrir las investigaciones serias con la misma manta que a las creencias paranoicas.[4] Estas propuestas contaminan el objeto de estudio y los resultados de las investigaciones; los creadores y difusores de estas teorías les hacen el juego a los que consideran sus enemigos y les facilitan el camino. La gran propuesta de la conspiración de los banqueros judíos ha servido, durante más de medio siglo, para desestimular la investigación sensata acerca de la influencia del capital en la política moderna. La gran cantidad de especulaciones que se difundían en medios supuestamente "underground" entre los sesenta y setenta, específicamente sobre Vietnam, en los que se interpretaba la guerra como una estrategia para beneficiar a los traficantes de heroína, sirvió al ejército y a los militares americanos para desacreditar los estudios serios sobre los verdaderos fines de la guerra, y el asunto real de las drogas en aquella región. En un libro de Alfred McKoy se revela el hecho del envío de opio hacia las montañas de Vietnam, donde al parecer se usaba para manipular el ánimo de los habitantes de aquellas zonas y propiciar su oposición al Vietcong.[5] Por otro lado, la historia de los Iluminati podría echar una cortina de humo sobre la acción de grupos como el Bilderberg, desanimando a escritores y periodistas a hablar sobre ellos.

Clases de baile para alienígenas

¿Cómo podríamos saber cuáles teorías conspiratorias tomar en serio?... No existen reglas especiales. La credibilidad de una teoría conspiratoria se podría definir de la misma manera como se hace con otras propuestas o teorías; se trata de analizar los razonamientos y sopesar la evidencia. Como en cualquier otro campo del conocimiento, después de un tiempo de lectura y reflexión se logra una "sensación" de verosimilitud. Podríamos definir como un criterio general el que mientras más amplio sea el campo que se explica con el argumento de una conspiración, es menos probable que la teoría sea correcta. Todos sabemos la clase de conspiraciones reales que normalmente se expresan en los medios: una agencia gubernamental que se sale de control; un asunto embarazoso que es encubierto por el gobierno; un testigo que es manipulado o amenazado; grupos que tratan de influir en alguna decisión política. Ninguna de estas cosas es improbable. Mucho menos probable es la megaconspiración. De cualquier manera, siendo el mundo tan extraño como es, resulta difícil afirmar rotundamente que algo es imposible. Pero el hecho de que los líderes mundiales sean alienígenas con aspecto de reptiles disfrazados de seres humanos es algo que tiene muy pocas probabilidades de ser verdad. Pero en otros casos las fronteras de lo creíble se han ensanchado grandemente.

Por ejemplo, el fenómeno OVNI. Resultaría poco serio el simplemente negar la existencia de los OVNIS. Actualmente se tiene un verdadero alud de testimonios. Muchos ex funcionarios de ambos lados de lo que era la cortina de hierro han revelado el interés que tenían sus gobiernos por el tema, y lo que es más interesante, existen muchas tomas de película y videos en todo el mundo. Por supuesto, hay una gran diferencia entre este bagaje de información y los relatos de "abducciones" con fines sexuales o de investigación; o las historias de alianzas entre aliens y gobernantes americanos que proliferaron en los noventa. Los OVNIS permanecen siendo esos "objetos voladores no identificados", y con esa connotación no pueden ser razonablemente negados; pero ir más allá de las pruebas tangibles es caer en la ingenuidad. Hasta donde yo sé, no hay evidencia objetiva de la existencia de seres extraterrestres, no hay fotografías o filmaciones confiables; lo único que tenemos es el recuerdo que guardan y expresan algunas personas. Si tomamos la memoria humana como evidencia, podemos caer en lo que se ha llamado el "síndrome de Betty Trout".

Betty Trout es la directora de la mayor organización americana dedicada al estudio de los OVNIS, llamada MUFON. En el simposio del MUFON de 1999, ella contó cómo, en una de sus varias abducciones, los que ella llama "híbridos" (parte humanos y parte no), de pronto aparecieron vistiendo batas y sombreros del tipo "cowboy", entonces ellos le pidieron que les enseñara el "baile de cuadrillas", de lo que ella dedujo que había sido abducida precisamente para dar clases de baile vaquero a los aliens.[6]

La pareja de "ufólogos" Helmut y Marion Lammer aceptan como evidencia la memoria de las personas en su libro *Milabs* (Illuminet, 1999); ellos relatan muchos casos de abducciones, pero enfatizan el hecho de que muchos de estos raptados son militares, sobre los cuales se aplican técnicas de investigación que parecen procedimientos médicos terrestres. Haciendo un análisis de estos "datos", ellos elaboran la siguiente hipótesis:

Nos parece que hay suficiente información para definir más de un tipo de investigación que se realiza con humanos, posiblemente tres, en el fenómeno de la abducción... Un grupo de investigadores parecen estar interesados en el control mental y de la conducta. Un segundo grupo parece estar interesado en la investigación biológica y genética; y el tercero, que parece tener una intención militar, ha venido operando desde los años ochenta...[7]

El libro de los Lammer es una interesante obra especulativa, pero nada más que eso. La verdad es que no sabemos cómo es que estos autores eligen a sus "abducidos", en cuáles historias creen y en cuáles no. ¿Aceptarían los Lammer, por ejemplo, que Betty Trout fue realmente abducida y que realmente dio clases de baile a los aliens?... y si no es así, ¿cómo deciden en qué creer y en qué no?

Los Lammer expresan la sospecha de que las abducciones alienígenas se producen con la anuencia —o como parte de un acuerdo— de funcionarios estatales americanos, ello por razones desconocidas. El libro comienza con una cita del doctor C. B. Scott Jones, quien, en 1994, tuvo contactos con el doctor John Gibbons, quien fuera asesor del presidente Clinton. Jones presentó a Gibbons varias piezas de evidencia respecto de los Ovnis. El 7 de febrero de 1994, Jones mandó a Gibbons una nota, que es la que se presenta como cita en el libro de los Lammer, y que dice lo siguiente:

...*Me parece muy importante que usted reconsidere la "matrix de credibilidad" acerca de los* OVNIS *que le envié el año pasado. La mención que hice acerca de la tecnología de control mental en nuestra reunión del 4 de febrero es de gran importancia. Por favor sea usted cuidadoso con esto.* Existen razones para creer que cierto grupo en el gobierno está realizando una investigación de este tipo de tecnología, asociándolo con el fenómeno OVNI. *Si esto es cierto, podría usted encontrarse con una marcada resistencia en su personal estudio de los* OVNIS; *no por el tema mismo, sino porque el asunto de los* OVNIS *está siendo empleado para enmascarar la verdadera investigación y aplicación de técnicas de control mental.* (El énfasis es mío).[8]

Dado el estatus intelectual de Jones y los muchos años en que tuvo acceso a los altos niveles de la Inteligencia militar y política en los Estados Unidos, este comentario suyo es en extremo interesante. Pero, si es que él sabía algo sustancial acerca de estos experimentos de "control mental", la verdad es que prefirió no revelarlo.

Por otro lado, si no creemos que miles de personas (principalmente americanos) han sido realmente abducidos, ¿cómo podemos explicar el hecho de que ellos, en su inmensa mayoría sinceros, hayan tenido la experiencia de haber sido raptados?..., ¿se les transmitió la experiencia por otros medios?

Control mental

Esta tecnología de control mental a la que se refiere Scott Jones ha generado una gran cantidad de teorías conspiratorias en la pasada década. De hecho, sabemos que los militares americanos, la CIA y sus homólogos soviéticos se ocuparon, durante los 50 y 60, de buscar métodos para influir en la mente de las personas. Drogas, hipnosis y campos electromagnéticos fueron los terrenos de investigación recurrente por parte de los científicos americanos y soviéticos, todo ello sostenido por sus respectivos gobiernos.[9] Actualmente, en Europa y los Estados Unidos hay cientos de personas que dicen haber sido víctimas de experimentos de control mental. Yo poseo las declaraciones escritas de una media docena de "víctimas" en Inglaterra. Algunos dicen que se les han implantado artilugios electrónicos en su cabeza o cuerpo; otros dicen que son objeto de cierto tipo de bombardeos de alguna suerte de energía, que algunos identifican como "microondas".

La distribución de las víctimas sugiere que, como ocurrió en el programa Delta, los americanos pudieran haber compartido resultados de sus experimentos con algunos miembros de la OTAN, pues casos como estos se reportan en países donde no existe una marcada cultura conspiratoria, como Canadá y Suecia; y en este último caso yo he visto placas de rayos X que muestran implantes en el cerebro de una persona sueca.[10] Cierto tipo de "scaners" cerebrales actualmente se describen en Internet. En 1970 se publicó un reporte de uso de tecnología de la NASA en el que se habla de un "sistema biotelemétrico" implantable; en este reporte se describen los aparatos e incluso se presentan diagramas, probablemente esos adminículos eran poco viables hace treinta y tantos años, debido a su tamaño; pero ahora, con la "nanotecnología", los implantes serían prácticamente invisibles, o del grosor de un cabello, por decir algo.

Yo conocí a tres personas inteligentes y educadas quienes me dijeron que oían voces en su cabeza, sin ser esquizofrénicos –¿voces de psicólogos y agentes de inteligencia jugando en sus cerebros?–. A esto se le ha llamado "telepatía artificial". También he tenido correspondencia con otras personas que presentan síntomas similares. Muchas historias de personas aparentemente normales que declaran "recibir" voces se pueden consultar en Internet. Por supuesto, el punto de vista académico es que se trata de un trastorno esquizofrénico paranoide, pues en éste, uno de los síntomas clásicos es el escuchar voces internas. Yo he tenido la experiencia de tratar con esquizofrénicos, pero las tres personas a las que aludo arriba no me lo parecieron en absoluto, y tampoco aquellos a los que simplemente contacté por escrito. Por lo tanto, aquí se nos plantea un problema: Aunque estas personas parezcan tener un trastorno, un correcto daignóstico de su situación no podría descartar el hecho de que pudieran tener un implante, pues la tecnología para ello existe.

Hace muchos años, en 1962, un científico americano llamado Alan Frey, demostró que, utilizando un transmisor de microondas, es posible transmitir sonidos –palabras– directamente al cerebro de las personas, lo que es inaudible para otros; es decir, "voces en la cabeza".[11]

Es un hecho que existen personas que tienen implantes en sus cuerpos, la evidencia ya no es refutable. Los adminículos de microondas indudablemente existen y, si hemos de creer en los testimonios de las supuestas víctimas, esta tecnología se encuentra en funcionamiento. En la oficina de patentes de los Estados Unidos, en los últimos veinte años, se han registrado una gran cantidad de sistemas para manipular la mente de las personas, pero aquellos producidos por agencias del propio gobierno americano no han pasado por la oficina de patentes.[12] Antes del colapso, en la Unión Soviética también ser realizaban investigaciones en este sentido; en los últimos quince años de lo que ahora es Rusia, se han revelado datos que sugieren el uso real de esta tecnología. ¿Realmente debería sorprendernos que la CIA, o algunos grupos del gobierno americano (o sus aliados en la OTAN) hayan realizado pruebas con esta tecnología? Bien sabemos que desde los cincuenta se probaron todo tipo de drogas y elementos que afectan el sistema nervioso central. En aquellos tiempos solamente se deslizaban estos productos en las bebidas de la gente y se observaba qué sucedía. Al probar estas nuevas armas los científicos militares tenían la mejor de las coberturas: nadie creería a las víctimas que habían sido sujetos de experimentación si decían escuchar voces en la cabeza o recibir algún tipo de misteriosos efluvios energéticos. Aunque algunos relatos de personas que presentaban estos síntomas fueron ampliamente difundidos en los medios durante los ochenta y la evidencia de esta tecnología está a disposición de cualquiera vía Internet, los medios de comunicación han prestado poca atención al tema, prefiriendo interpretar estos casos como asuntos psiquiátricos.[13]

Yo no puedo ser optimista respecto a que cambie pronto esta tendencia a desvirtuar el tema de la tecnología psicológica, creo que es éste uno de los temas guardados con mayor secreto por los servicios de Inteligencia militar y su exposición se topa con grandes dificultades. Los primeros experimentos de la CIA en este campo, a principios de los cincuenta, se conservaron en el más críptico secreto hasta los setenta. Otra cobertura de largo plazo fue, por ejemplo, el caso de los experimentos de radiación nuclear que se realizaron durante los primeros años de la Guerra Fría, y que no fueron conocidos sino hasta finales del gobierno de Bill Clinton. Un ejemplo más es la participación de la CIA en el tráfico de drogas, que se produjo en los setenta y no salió a la luz sino hasta los noventa. En este país, tal vez por el miedo que existe a las demandas compensatorias, o por la fuerte presión de la industria química, el gobierno ha ocultado hasta la fecha que el uso de organofosfatos en el tratamiento veterinario de los borregos causa daños a los humanos y ha afectado a cientos de granjeros. Tanto el gobierno americano como el británico han ocultado el hecho de que el uso de ciertos materiales radioactivos en la Guerra del Golfo han dañado a miles de sus propios soldados y se han contaminado a largo plazo varias extensiones de terreno en Irak. Hablando de Inglaterra, si el asunto del uso de químicos dañinos en las granjas americanas ha sido soslayado por el gobierno británico, resultaría de mucho mayor importancia el ocultar el hecho de que algunos ciudadanos británicos hayan sido sujetos de experimentación de control mental, ya sea por el propio gobierno inglés o por sus aliados, los americanos. A pesar de la gran cantidad de pruebas que apoyan el caso, las víctimas de la tecnología psicológica en los últimos veinte años en los países de la OTAN probablemente están condenados a permanecer en la marginalidad y el ridículo por mucho tiempo más.

David Icke

La gente que dice "oír voces" nos da cuenta de las dificultades que se presentan en este campo una vez que se empiezan a tomar en serio estas aseveraciones. Yo realmente creo que algunas de estas "victimas del control mental" son lo que ellas dicen ser: sujetos involuntarios de experimentos militares. Dado que existe la tecnología para hacer estas cosas, es probable que estén diciendo la verdad. Sin embargo, hay otros en los que no creo. Por ejemplo, yo no creo en aquellos que dicen que un tipo de experimento llamado "Operación Monarca" los ha convertido en esclavos sexuales de los ricos y famosos. No hay evidencia alguna de esa operación. Los ricos y famosos en verdad no necesitan crear un ejército de "zombies" mentalmente controlados para satisfacer sus deseos sexuales (si es necesario, simplemente pueden pagar los servicios). La gente que se siente afectada por esta clase de manipulación seguramente se encuentra trastornada. Sin embargo existen algunos –y en esto estriba la diferencia entre mi postura y la de los "teóricos conspiratorios"– que racionalizan y defienden cosas como la Operación Monarca. Tal es el caso de David Icke, quien actualmente es el más importante teórico conspiratorio en la Gran Bretaña, y, tal vez, en el mundo de habla inglesa.

La carrera de Icke va desde su activismo en el Partido Verde, en los 80, hasta convertirse en un prominente teórico conspiratorio. La peculiaridad de su trayectoria solamente puede ser comparable a la de Lyndon LaRoche Jr., quien partió de ser líder de un grupo de trotskistas americanos hasta llegar a ser el defensor a ultranza de una de las teorías conspiratorias más descabelladas que se hayan inventado, que involucra a la familia real británica con el tráfico de drogas. Debo confesar que yo he intentado leer dos de los libros de Icke, pero he fallado en mi intento (son verdaderos galimatías); sin embargo, he tenido la paciencia de sentarme a ver un video de una conferencia que dictó en un teatro de Liverpool, a mediados de los noventa, lo que ocurrió antes de que él descubriera a los extraterrestres "miméticos", es decir, a los que cambian de aspecto a voluntad. A pesar de que Icke todavía no manejaba su gran tema, su capacidad de convocatoria era estupenda, pues podía reunir un público de varios cientos de personas, todos los cuales habían pagado para escucharlo.

En la primera parte de su intervención, Icke simplemente fue haciendo una lista de todos los temas de descontento de la gente común, poniendo énfasis en el gran daño que se está haciendo al planeta en varios sentidos, sobre todo en la destrucción del "elemento verde", según su manera de expresar la vegetación, con lo que dio paso a la descripción de la catástrofe que estaba por venir. Todo esto le tomó alrededor de quince minutos, y con ello causó un buen efecto; después de todo él es un personaje muy visto en la televisión y ciertamente bien parecido. Después de su planteamiento introductorio, él no preguntó al auditorio ¿cuál es la causa de todo esto?, sino *¿quién* está *detrás* de todo esto?...

A partir de ahí, todo fue hacer una ensalada de un conjunto de teorías conspiratorias americanas, citando principalmente a grupos semiclandestinos como la Comisión Trilateral y el Concilio de Relaciones Exteriores, además de lo que entonces era uno de sus grandes hits: la existencia de un comité supersecreto americano, llamado "Majestic 12", que tenía contacto con un grupo también conspiratorio de extraterrestres a los que llamaba los "Grises", manejada con el modelo de los Iluminati. En este sentido, Icke seguía la tradición conspiratoria americana de agregar nuevas teorías megaconspiratorias a las ya trilladas. La teoría de los alienígenas no desacredita o falsifica la de los Iluminati, solamente la reinterpreta y la enriquece con la presencia de personajes más interesantes..., ¡mientras más, mejor!; esto hace la vida simple y emocionante, por supuesto para un auditorio que no demanda pruebas ni evidencias. El público no tiene que hacer el esfuerzo de entender si la teoría X ha suplantado o falsificado la teoría Y, lo único que tienen que hacer es agregar la nueva teoría a su lista.

Antes de su adopción de la teoría de los extraterrestres que cambian de forma, yo escribía acerca de Icke, diciendo que, como muchas de sus fuentes americanas, su metodología era demasiado elemental, todo se basa en la idea de que "si está escrito y publicado, debe ser verdad". En un correo electrónico de la página de Icke, que se maneja como una revista "on-line", se proponen los criterios de su organización respecto a lo que es verdad, falsedad y cuál es la naturaleza de la evidencia.

En cada artículo [en la página de Icke] *se presentan al lector todas las posibles fuentes de VERDAD que se disponen; pero el discernimiento de la VERDAD es responsabilidad de cada lector. Damos la bienvenida a toda refutación, reto o punto de vista divergente de cualquier tipo... aunque sean opuestos a los nuestros. Es en la diversidad de puntos de vista donde se fundamenta la investigación y donde se puede complementar la información, ya sea que estemos de acuerdo con el punto de vista del autor o no lo estemos.*

En otras palabras, ellos no están interesados en definir lo que es verdadero y lo que no lo es, y al parecer han renunciado a tomarse el trabajo de hacer este deslinde. Este desdén, casi posmoderno, por lo que antes se llamaba "objetividad" es de lo más común entre los teóricos conspiratorios modernos. Las teorías se elaboran y se difunden apelando a múltiples *razonamientos*, pero se descuida la *razón*. Muchas de las teoría modernas de la conspiración son tan complejas que tomaría meses el analizarlas y definir su validez, después de lo cual seguramente llegaríamos a la conclusión de que son básicamente falsas. Si los anfitriones de los sitios Web que dan acceso a las teorías conspiratorias descartaran las que no están fundamentadas quedarían muy pocas en la red.

Notas

[1]   *The Independent.* 18 de febrero de 2000.

[2]   El ejemplo británico más reciente del que tengo
conocimiento personal es el de un hombre que se encuentra injustamente en prisión, pero que desde ahí ha
intentado manejar un pequeño negocio de ventas por
teléfono, pero las autoridades, por motivos de espionaje
interno, constantemente bloquean las llamadas del
exterior, que pudieran ser de clientes potenciales, lo que
puede interpretarse como una actitud estatal de intromisión en contra de los ciudadanos.

[3]   Un correo electrónico de Andy Winiarkczy, en *Last
Hurrah Bookshop in America*, del 7 de enero de 2000, detalla
18 libros (y un CD-ROM) sobre el asesinato de Kennedy,
y se sabe de seis más publicados el año anterior. Los
interesados en este tema frecuentemente se preguntan
si la montaña de documentos desclasificados acerca del
caso Kennedy pudiera ser una técnica para dificultar la
investigación.

[4]   Hasta donde yo sé, ésta es la principal creencia de David
Icke.

[5]   Este tema fue tratado en forma de comedia en la película
de Mel Gibson y Robert Downey, *Air America*. El film
se basó en una sección del libro *The Invisible Air Force*, de
Christopher Robbins (Londres. Pan. 1981).

6   La historia de Betty Trout fue relatada en la revista de Kevin McLure *Abdution Watch*, julio de 1999. Se encuentra en el sitio: www.magonia.demon.co.uk. A algunas personas les resulta familiar el nombre de Betty Trout, pues recuerda el personaje de una novela de Kurt Vonnegut, llamado Kilgore Trout.

7   Dr. Helmut Lammer y Marion Lammer, *Milabs: Military Mind Control and Alien Abduccion.* Liburn, USA. Illuminet Press. 1999). p.29.

8   Del Dr. C. B. Scott Jones: *UFOs and the new frontiers: connecting with the larger reality.* Este artículo me fue enviado por e-mail; no sé dónde fue publicado originalmente y no aparece en la red. Acerca de Scott Jones se puede consultar, de Armen Victorian *Mind Controllers.* Londres. Vision. 1999, pp.180-182.

9   El texto básico para este tema sigue siendo John Marks, *The Search for the Manchurian Candidate.* Harmondsworth. Penguin Books. 1979.

10 El sueco al que aludo es Robert Naeslund. Las placas de rayos X pueden ser vistas en: www.mindcontrolforums.com/v/robertnaeslund.htm.

11 Ver Armen Victorian. (nota 8), capítulos 7-8.

12 Para conocer las características de algunas de las patentes en este campo ver Armen Victorian, *The military use of electromagnetic microwave and mind control weapons,* en *Lobster*

(34), lo que se reproduce en *Mind Controllers* (nota 8). Se puede consultar también *Remote Behavioral Influence Technology Evidence*, de John McMurtrey, en: www.slavery. org.uk. Este es el sitio de *Christians Against Mental Slavery* (Cristianos en contra de la esclavitud mental).

[13] David Hambling escribe acerca del uso militar de esto en la Sección Científica de *The Guardian*, 3 de febrero de 2000.

6. Desinformación

La esencia de la política práctica es mantener a la población siempre en estado de alarma —y por tanto necesitados de seguridad—, amenazándolos con una serie interminable de horrores potenciales, todos ellos imaginarios.

H. L. Mencken

Las más importantes armas secretas de los Estados modernos son sus propios grupos conspiratorios, ligados a las agencias de Inteligencia y Seguridad: pero también los Estados han sido grandes generadores de teorías conspiratorias desde la Segunda Guerra Mundial. Una de las pautas que ellos elaboraron durante la guerra fue la "propaganda negra", basada en la desinformación, y esa pauta se continuó y desarrolló durante la Guerra Fría, utilizada ampliamente por ambos bandos. La mayor parte de esta propaganda estaba destinada a neutralizar los grupos contestatarios en los países en desarrollo, y estas manifestaciones no son difíciles de rastrear. Pero en otros casos la información estaba dirigida a las audiencias de los propios países que la producían.

Por ejemplo, en el caso del asesinato de Kennedy, tanto los servicios de Inteligencia franceses como los soviéticos elaboraron sus propias teorías conspirtorias al respecto, ambos con una intención tendenciosa; por supuesto, los soviéticos culparon a la CIA del asesinato; esto a través de un diario italiano primero, y después en uno canadiense de habla francesa. De ahí, esa información (o desinformación) viajó a los archivos de todos los investigadores de la muerte de JFK, y eventualmente llegó a la Comisión Warren. La Inteligencia francesa elaboró un libro, llamado *¡Adiós América!*, en el que también se culpaba a la CIA del magnicidio.[2]

Por su lado, las agencias americanas, británicas e israelíes inventaron y difundieron la teoría de que la KGB, en complot con un grupo búlgaro, había planeado el atentado contra Juan Pablo II, en 1981. El primero de los libros que se escribieron con esta teoría fue escrito por Paul Henze, quien había sido jefe de sección en la CIA,[3] y el tema fue abordado por otros personajes ligados con la misma Agencia, como la periodista Claire Sterling. Como represalia, los soviéticos crearon la teoría de que el SIDA era un virus que se había diseñado en laboratorios del ejército americano, como un arma biológica destinada a matar gente de color.[4]

Esta clase de operaciones de desinformación tienden a producir un estado de ánimo hostil en el público. La teoría "KGB-dispara-al-Papa" formó parte de una amplia operación de desinformación diseñada por los servicios de Inteligencia americanos a principios de los ochenta, con objeto de crear la imágen de la Unión Soviética como promotora del terrorismo. Parte del material de esta teoría fue proporcionada a periodistas "amigables", como Claire Sterling, quien, en 1981 publicó el libro *The Terror Network* (La maquinación del terror).[5] En esta coyuntura, el Secretario de Estado Alexandre Haig, quien había pronunciado algunos discursos agresivos en los que culpaba a los soviéticos de favorecer el terrorismo, pidió a la CIA que lo proveyera de pruebas para fundamentar sus alegatos, lo que resultó descorazonador para Haig, pues la CIA carecía de evidencia al respecto. El director de la CIA, William Casey, leyó el libro de Sterling y, al parecer sin saber que el libro formaba parte de un plan de desinformación, reprendió a su personal, por el hecho de saber menos del terrorismo soviético que la autora de un libro. Me gustaría haber estado ahí cuando le explicaron cómo se habían menejado las cosas.[6]

En el gobierno británico existe un organismo llamado *Information Research Department* (Departamento de investigación en información). Esta depencencia fue fundada en 1948, formada principalmente por especialistas en "propaganda negra" que habían trabajado durante la guerra. El objetivo de este organismo era, en sus inicios, el combate contra la propaganda soviética; pero pronto se encaminó a lo que los empleados sabían hacer muy bien: desinformar. Esta organización sobrevivió hasta 1977, y empleó a cientos de personas en una labor que apenas era notada por los políticos, poniendo en sus creaciones "informativas" algo de *blanco* (verdad), algo de *gris* (media verdad) y algo de *negro* (falsedad), y presentándolas a través de la prensa y los medios masivos. Durante la Guerra Fría, su labor fue bien definida contra la Unión Soviética; más tarde, a partir de los conflictos de Irlanda y Chipre, la línea derivó en la más simple de las teorías: los comunistas estaban detrás de todo esto. Desde luego, si no había evidencia de la injerencia de la Unión Soviética, había que fabricar las pruebas.[7] En 1971, un miembro del Departamento fue enviado a Irlanda del Norte para trabajar con el ejército inglés en su lucha contra el ERI; él fue asignado a un grupo dedicado a operaciones psicológicas llamado "Política Informativa", que trabajaba bajo la cobertura de la oficina de prensa del ejército, en su cuartel general de Lisburn. Desde ahí comenzaron a emitir material "informativo" del que podría deducirse que la KGB estaba detrás del ERI, y que el Partido Laborista estaba infiltrado por comunistas que apoyaban a los separatistas irlandeses.[8]

La "guerra de desinformación" que se suscitó durante la Guerra Fría es todavía campo de ardua investigación y faltan muchos cabos que atar, pero mi sentir al respecto es que llegará el tiempo en que descubramos que muchas de las cosas que ahora consideramos "hechos históricos" en realidad fueron informes falsos, bien colocados en los medios informativos.

La desinformación
y los OVNIS

Una de las más recientes áreas en las que trabajan los organismos de desinformación oficiales es la de los OVNIs. Entre 1996 y 1997 las revistas británicas publicaron una gran cantidad de relatos de bases secretas de OVNIS en territorio británico, muchas de estas historias sugerían cruentas batallas con extraterrestres en las que morían seres humanos, pero todo era limpiado por unidades especiales del ejército y la información ocultada para no causar alarma en la población. Algunas de estas historias parecían la versión inglesa de la película *Men in Black* (Hombres de negro), estelarizada por Will Smith y Tommy Lee Jones.[9]

El tema de las bases secretas y las unidades especiales del ejército en lucha contra los aliens, fue la forma preferida de la teoría Ovni en los Estados Unidos durante los 90; pero esta forma narrativa no tuvo mucho éxito en la Gran Bretaña. La imagen de "bases secretas" no resulta del todo increíble en los Estados Unidos porque existen vastos desiertos y oros lugares poco accesibles en su territorio, de manera que no sería raro que el ejército pudiera tener instalaciones en verdad secretas en lugares así. Pero en Inglaterra esto no se lo traga nadie; esta clase de desinformación es producida por incompetentes.

El hecho de que estos temas de contactos de alienígenas con miembros del gobierno o bases de extraterrestres fuera todavía objeto de atención del público a mediados de los noventa, es un indicador del éxisto de las operaciones de desinformación inplementados por los servicios de inteligencia militar americana desde mediados de los setenta. Una de las operaciones más interesantes que conozco fue la de algunos pilotos de la Fuerza Aérea americana que dijeron haber tenido contacto con OVNIS; aunque no lo declararon a los medios, sino a cuatro investigadores del fenómeno Ovni. Uno de ellos, el escritor Bill Moore, participó en la reunión de 1989 de MUFON, la más importante organización de estudio de los Ovnis en los Estados Unidos. En aquella ocasión Moore declaró haber trabajado con oficiales del servicio de Inteligencia para difundir ante el público ingenuo —como el que lo estaba escuchando— historias elaboradas por ellos acerca de los alienígenas: avistamientos, aterrizajes, reuniones de aliens con miembros del gobierno y acuerdos secretos. A partir de ésta y otras revelaciones de los "ufólogos", parece claro que gran parte del material "informativo" acerca de los OVNIS fue elaborado en oficinas dedicadas al manejo psicológico de las masas.

Una de las historias más interesantes de la época fue el caso de Paul Bennewitz, un fabricante de artículos electrónicos de Nuevo México que vivía cerca de la base de Kirkland de la Fuerza Aérea, un vasto complejo en pleno desierto, cerca de Albuquerque. Uno de sus principales clientes era precisamente la Fuerza Aérea. Bennewitz comenzó a percibir ciertas luces que veía desde su ventana, que se movían entre las colinas, circundando la base aérea. Entonces él se dio a la tarea de filmar estas luces y estudiar el patrón conforme al cual se presentaban, con lo que llegó a la conclusión de que eran de origen extraterrestre. Como él era un buen ciudadano americano (y proveedor de la Fuerza Aérea) comunicó su descubrimiento a las autoridades de la base. Más tarde, algunos funcionarios del gobierno se conectaron con él, pretendiendo creer en su teoría y enriqueciéndola con una serie de historias en las que se narraba la presencia de los OVNIS y una supesta relación entre los alienígenas y el gobierno americano.

Esta "información" se puso a circular entre los fanáticos del fenómeno OVNI en todo el territorio americano, con la anuencia y el *imprimatur* de la Fuerza Aérea. Durante ese proceso se conectó a Bennewitz con una mujer que afirmaba haber sido abducida por aliens, y a partir de ahí comenzó una *folie à deux* de ligas mayores.

La llamada "ufología", que ha venido causando furor en los últimos veinte años, tuvo su origen en la labor de desinformación involuntaria realizada por Bennewitz. El autor de un libro acerca de este asunto[10] cree que esta operación fue en realidad un plan deliberado para confundir a Bennewitz y desviar su atención de las pistas que él manejaba y que lo acercaban al conocimiento de las operaciones secretas de la Fuerza Aérea, lo que no me parece razonable, pues la lógica de esta interpretación hubiera conducido al gobierno americano a decir a Bennewitz: "Usted es un buen ciudadano, sin embargo, todo lo que podemos decirle de lo que sabemos acerca de los OVNIS es que *no podemos decirle nada*. Pero ellos no hicieron esto, sino al contrario, apoyaron y enriquecieron sus teorías ufológicas hasta el extremo de convertirlas en algo muy emocionante para el público.

Más o menos la misma información que se dio a Bennewitz le fue dada a Linda Moulton Howe, directora de la película *Strange Harvest* (Extraña cosecha), en la que se desarrolla el tema de los círculos de terreno desbrozado en campos de cultivo americanos.[11] En 1983, Howe fue invitada a la base aérea de Kirkland, donde, en la Oficina de Investigaciones Especiales, conoció al sargento Richard Doty, el hombre que dirigía el "Proyecto Bennewitz" (de propaganda desinformativa). Doty dijo a la cineasta que su película acerca de los campos mutilados había molestado a ciertos personajes en Washington, y como resultado de ello sus superiores le habían pedido que se entrevistara con ella para proporcionarle alguna información que le ayudaría a normar su criterio. Entonces se le mostró un documento llamado *Briefing Paper for the President of the United States on the Subject of Identified Aerial Vehicles* (Sumario informativo para el presidente de los Estados Unidos sobre el tema de vehículos aéreos identificados). Este sumario contenía información acerca de los trabajos de investigación en los lugares donde se habían desplomado platillos voladores, señalando las características de los aparatos y la de los alienígenas que se habían encontrado, tanto muertos como vivos. No se proporcionó a la señora Howe copia de este documento ni se le permitió tomar notas, pero sí leerlo, lo que resulta muy significativo.

Lea-pero-no-copie fue una de las elementales técnicas de desinformación usada por Colin Wallace en la unidad de trabajo psicológico del ejército británico en Belfast en los setentas.[12] Lo que hacía Wallace era llevar a los periodistas, especialmente a los extranjeros, que no tenían mucho conocimiento de la política británica, a una habitación discreta en sus oficinas, y ahí mostrarles ciertos "documentos secretos" que ellos podían leer, pero no copiar. Algunos de esos documentos eran genuinos, y otros totalmente falsos. Tenemos copias de algunos de esos documentos falsos.[13] Evidentemente, la señora Howe desconocía esta forma de manipulación y por supuesto comenzó a hablar acerca de su entrevista en las oficinas de la Fuerza Aérea y de lo que se le había revelado. La mayoría de las personas somos ahora un poco más listos de lo que éramos antes, pero la ingenuidad de la señora Howe niega esta propuesta, o tal vez tenía muchas ganas de creer en lo que se le mostraba, pues nadie con cierta malicia intelectual hubiera creído que los mandos más importantes de la Fuerza Aérea, a través de un funcionario menor, hubieran decidido revelarle secretos de tal envergadura, siendo que desde hacía cuarenta años ellos habían gastado mucho tiempo y dinero con la finalidad de que nada de esto se supiera.

Otro de los escritores reclutados fue Bill Moore, a quien se le dijo que los servicios de Inteligencia americanos querían dar a conocer al público una serie de datos bien fundamentados respecto del fenómeno Ovni, y que él podía ser el conducto (por supuesto, él no podía resistir la tentación de obtener una gran historia, que efectivamente lo fue). Cuando fue reclutado, Moore era una figura en el mundo literario de lo misterioso y paranormal. Era co-autor de uno de los grandes *best sellers* de 1979: *The Philadelphia Experiment* (El experimento Filadelfia) y acababa de terminar, también como co-autor, *The Roswell Incident* (El incidente Roswell).

Después de algunas maniobras preliminares con la Fuerza Aérea, en la que Moore había recibido alguna información que alimentaba su imaginación, en 1983 recibió un documento clasificado como MJ12, llamado *Majestic*, que básicamente contiene la misma información dada por el sargento Doty a Howe y Bennewitz. En el MJ12 se describen varios encuentros de aliens con miembros del gobierno y también la estructura burocrática que se implementó a raíz de tales encuentros. En este documento se revelaba algo tan impactante que bien podría calificarse como el "Watergate cósmico": una amplia conspiración del gobierno americano en la que se manejaban contactos (y tal vez colaboración) con nuestros vecinos alienígenas, lo que ya se había manejado en los medios y era parte del entusiasmo popular. Sin embargo, la posición de Moore no fue tan ingenua y precipitada, pues se tardó dos años en la validación de la información, con la ayuda de un colega. Para evitar que Moore siguiera deteniendo la información y paralizando el proceso, se le dijo que otro escritor tenía ya el material y estaba trabajando en un libro. Ante esto, Moore comenzó a dar conferencias sobre el tema y a difundir la información. El otro escritor realmente existía, y era el británico Timothy Good, a quien se había proporcionado el material MJ12 y lo usó en su libro *Top Secret*.

Habiendo logrado ya que su desinformación circulara ampliamente entre los amantes del tema de los OVNIs y el público en general, la Fuerza Aérea procedió a desvirtuar la teoría que ellos mismos habían ayudado a construir, por medio de una técnica que Colin Wallace llama la "doble burbuja": Los sujetos (en este caso los ufólogos americanos y los medios de comunicación) son alimentados con información falsa, pero presentada de una manera convincente, lo que los dirige de manera inexorable por un camino equivocado (y generalmente alejado de lo que puede ser percibido o racionalizado por el común de las personas). Cuando la información ha sido ya fijada y difundida, se dice a los agentes que la información era falsa, que se trataba de una estrategia de desinformación, con lo que se crea un ambiente de gran confusión. En este caso, la Fuerza Aérea preparó dos golpes maestros. El primero en 1988, en un programa de televisión a nivel nacional llamado "El gobierno y los OVNIs, en vivo", en el que se presentó algún material fílmico y dos entrevistas con supuestos miembros de los servicios de Inteligencia de la Fuerza Aérea, en silueta y con sus voces distorsionadas; ellos se encargaron de hacer parecer sus propias historias como ridículas, diciendo, entre oras cosas, que a los alienígenas les gustaba el helado de fresa y la música tibetana.[14]

El segundo golpe fue asestado por el propio Bill Moore, quien confesó el haber manipulado la información a su arbitrio ante los asistentes a una asamblea de ufólogos, en 1989. A pesar de esto, el movimiento ufológico no murió. Algunos investigadores simplemente no creyeron en la sinceridad de la confesión de Moore. La teoría conspiratoria de los contactos extraterrestres no sólo no desapareció, sino que llegó a incrementarse, y se convirtió en uno de los principales temas del programa de televisión *Expedientes X*. El sargento Richard Doty, de la sección de Investigaciones Especiales de la Fuerza Aérea, quien fuera el ejecutor visible de esta operación, se convirtió en asesor del programa Expedientes X, e incluso esribió el guión de uno de los programas. ¡Desinformación de costa a costa y de frontera a frontera!

Todo parece coincidir en que el juego "Bennewitz-Moore-Howe-MJ12" fue parte de una operación de desinformación bien estructurada. En 2001, un grupo de antiguos funcionarios del gobierno y algunos militares anunciaron

en una conferencia de prensa que todos ellos habían visto
OVNIS e hicieron un llamado al Congreso para que fuese
tratado el asunto a nivel oficial. El portavoz del grupo fue
Daniel Sheehan, quien fuera dirigente del "Instituto
Crístico"; él falló en su intento de insertar ese grupo (al
que coloquialmente se llamaba "equipo secreto") de la
Inteligencia militar americana al Congreso.[15] Primero, en
una conferencia de prensa y después, con más detalle, en una
entrevista de radio, Sheehan descubrió un extraño en-
cuentro de funcionarios del gobierno con un OVNI, catorce
años atrás.

Antes de llegar a la presidencia, Jimmy Carter fue gobernador de Georgia, y ahí dice haber visto un OVNI. Él incluso
reportó el hecho a un grupo de ufólogos.[16] Ya como presidente, Carter se entrevistó con el entonces director de la
CIA, George Bush, y le preguntó qué sabía la agencia acerca
de los OVNIs. Bush le contestó que él "no necesitaba saber"
acerca de eso, por lo que Carter no obtuvo nada de la Agencia. Sin embargo, Bush sugirió a Carter que pidiera a los
servicios de Investigación Especial del Congreso que le
preparara un expediente informativo sobre el tema. A consecuencia de eso, dice Sheehan haberse contactado con
Marcia Smith, entonces directora de la División de Ciencia
y Tecnología de los servicios de investigación del Congreso.
Ella pidió a Sheehan participar en una evaluación secreta,
pero bien fundamentada del fenómeno OVNI y de la "inteligencia extraterrestre". Ella incluso pidió a Sheehan que
se metiera en los archivos del Vaticano para descubrir lo
que ellos sabían al respecto. Él lo intentó, pero el Vaticano
se negó rotundamente a permitirle el acceso a sus archivos,

a pesar de que él tenía el aval del Congreso de los Estados Unidos. Tal vez a manera de compensación, Sheehan pidió a Smith que buscara en los archivos clasificados de la Fuerza Aérea aquél mítico estudio de los OVNIs llamado "Libro Azul"; al parecer esta búsqueda sí resultó fructífera. De hecho se permitió a Sheehan que consultara el material, pero se le prohibió tomar notas (¿nos suena familiar eso?). Este es el relato que hace Sheehan de su experiencia:

Había una gran cantidad de documentos ahí; también había un proyector de cine; yo no sé si se trataba de película de 35 mm, o algo así. Entonces la eché a andar y pude ver varias secuencias de película; se trataba de las clásicas escenas que todos hemos visto: luces distantes que se mueven extrañamente en el espacio; por lo que yo decidí cambiar de película y comencé a buscar en las cajas donde se encontraban los rollos. Finalmente encontré una caja en la que había una película y también fotos fijas; comencé a revisar las fotos y de pronto me encontré con algo fascinante, la imagen no dejaba lugar a dudas, ahí, descansando en el terreno, se encontraba un ovni claramente definido; al parecer había tenido un accidente, pues estaba como recargado en una colina; había nieve a su alrededor y en una de las esquinas de la foto pude ver algunos hombres con uniforme de la Fuerza Aérea. Había otras fotos de este vehículo y en ellas también aparecía personal militar que tomaba fotografías, incluso en una de ellas se les veía con una gran cinta métrica, tomando mediciones del aparato. No había duda de que se trataba de personal de la Fuerza Aérea pues eran visibles los emblemas en sus chamarras. Yo seguí observando estas imágenes y descubrí en una parte del vehículo algunos símbolos, ciertas insignias; busqué en otras fotografías por descubrir si había algún acercamiento a esos símbolos y, efectivamente, en una de las fotos se podían apreciar más claramente los diseños. En esos momentos comencé a ponerme nervioso, miraba a mi alrededor con gran inquietud, pero en realidad no había nadie en la habitación; los muchachos [personal de seguridad] *estaban afuera y no me observaban por la ventana, por lo que me atreví a tomar un apunte de aquellos símbolos en una hoja de papel que guardé en mi ropa. Esa fue la única nota prohibida que tomé en aquella ocasión.*[17]

¡Y durante catorce años él no dijo nada de aquello!

Tal como lo presenta Sheehan, este episodio suena absurdo. Los servicios de investigación del Congreso no hubieran dado acceso a sus archivos clasificados a Sheehan; a lo que sí se le permitió acceder fue al acervo del material de desinformación, lo que está reforzado por el "mira-pero-no-tomes-notas" que es una técnica elemental de la que ya hemos hablado. Todo lo anterior sugiere que la operación de desinformación centrada en los OVNIS comenzó con Paul Bonnewitz en 1980, y continuó a través de Linda Moulton Howe hasta Bill Moore y los documentos Majestic; aunque podríamos proyectar sus orígenes al intento de manipulación sobre Sheehan, lo que fue en realidad fallido debido a la personalidad de éste, por lo que se decidió encaminar el proyecto hacia Benenwitz, Moore y Howe.

En realidad, no es claro el propósito de la operación de desinformación de los OVNIS. Es posible que sea solamente la secuela de las operaciones de los cincuenta, cuando la creencia en los OVNIS podía encubrir las pruebas con aeronaves militares secretas o vuelos de espionaje (si ves un objeto brillante en el espacio, es un Ovni, no un U-2).[18]

Esto se ha considerado una explicación plausible acerca de los extraños acontecimientos en el área 51, en Groom

Lake, la base de la Fuerza Aérea de los Estados Unidos en el desierto. Es preferible que la gente piense que está viendo OVNIs y no aparatos de prueba de los cuales no tiene información siquiera el Congreso. Durante los pasados quince años, las historias que han surgido de la zona 51 se identifican con los ejercicios clásicos de desinformación, incluyendo manejos desconcertantes de información, empleados falsos o supuestos testigos imparciales, como es el caso de Jim Lazar, quien ha venido perdiendo credibilidad.[19]

El doctor C. B. Scott Jones, una de las personas que más han desarrollado esta curiosa área de investigación que es el trabajo de desinformación acerca de los OVNIs, dice lo siguiente:

Alguna vez yo me preguntaba por qué la prensa no reaccionaba en contra de las cínicas actitudes de Reagan en lo concerniente al respeto al espacio aéreo en el mundo. La respuesta más simple que me vino a la mente es que la prensa ha sido coptada por el éxito del programa de contra-inteligencia destinado a influir en el público americano y en la prensa. El gobierno no quiere que se restrinja ninguna expresión de aquello que se ha llamado el fenómeno OVNI. Para ganar este campo de acción se ha presionado a la prensa de tal manera que ahora ya no se distingue la verdad de la ficción. El proceso es muy simple y efectivo: se propicia la presentación de eventos Ovni, se crea un gran entusiasmo en ello y después, con gran alboroto se muestra que se trataba de una falsa interpretación de un hecho natural [la técnica de la "doble burbuja"]. *Con el tiempo, cuando se escucha el clamor ¡OVNI, OVNI!, se produce la misma respuesta que aquella del cuento del pastor que con demasiada frecuencia escandalizaba a la aldea con el falso clamor ¡viene el lobo!, cuidado, ¡que viene el lobo!*[20]

Notas

[1] Esto lo expuso por primera vez Stephen Dorril en un ensayo en *Lobster* 2. Éste está disponible en la red: http://mcadams.posc.mu.edu/lobster.htm

[2] Una vez pregunté a un agente retirado de la Inteligencia francesa cuál había sido la primera reacción de su círculo al saber del asesinato de JKF. "Que lo había hecho la CIA", me contestó. Al parecer, ésa fue la creencia de la propia familia Kennedy.

[3] Vid. *The Plot to Kill the Pope* (Beckenham, Kent: Croom Helm. 1984).

[4] Acerca del trabajo de desinformación en el atentado del Papa, ver Edward S. Herman y Frank Brodhead, *The Rise and Fall of the Bulgarian Connection*. Nueva York: Sheridan. Square Publications. 1986.
En el Boletín del Departamento de Estado de 2005, se publica un artículo que habla de la desinformación soviética: *En marzo de 1992, el entonces jefe de inteligencia para asuntos foráneos, Yevgeny Primakov, admitió que una agencia especializada en desinformación de la KGB había elaborado el mito de que el virus del SIDA había sido creado en los laboratorios militares como un arma biológica.* http://usinfo.state.gov/media/Archive/2005/Jul/27-595713.html
La historia "SIDA-bio-arma" creada por los soviéticos también se relata en las siguientes fuentes: Christopher

Andrew y Oleg Gordievsky, *KGB: The Inside Story.* Londres. Hoder y Stoughton. 1990, pp. 528-529; y *Conterpoint; a monthly report on Soviet Active Measures,* Vol. 3, n° 6, noviembre de 1987.

[5] Sterlin murió en 1995. Ella fue asesora de Inteligencia y posiblemente oficial de la CIA. La mejor refutación de su teoría de la "red del terror" se encuentra en el libro de Edward Herman, *The Real Terror Network.* Boston. South End Press. 1982. Aquí se muestra, sin mucha dificultad, que el principal promotor del terrorismo durante los primeros años de la posguerra fue Estados Unidos.

[6] El tema es tratado en un artículo de James Der Derian (*Anti-diplomacy, Intelligence Theory and Surveillance Practice*), en el libro editado por Wesley K. Wark, *Espionage: Past, Present, Future.* Londres. Frank Cass. 1994.

[7] Respecto de la guerra de Chipre, ver Charles Foley, *Legacy of Strife: Cyprus from rebellion to civil war.* Harmondsworth. Penguin. 1964. p. 104.

[8] Acerca de esto, ver Paul Foot, *Who framed Colin Wallace?* Londres. Macmillan. 1990. Algunas de estas lucubraciones se reproducen en este libro.

[9] Ver, por ejemplo, *580 Security,* en *Global UFO Investigation.* Junio/julio 1997. UFO *crash in North Wales. Ufo* septiembre/octubre 1996. El ensayo sin título en *Unopened Files* n° 1, pp. 5-19. *Programable Life Forms,* en *Truth Seekers*

Review n° 9. Agradezco a Kevin McLure por darme este material.

[10] Acerca de Bennewitz, ver Greg Bishop, *Proyect Beta*. Nueva York. Paraview. 2005. Es posible que el climax de esta operación haya sido el "descubrimiento" del notable film en el que aparentemente se muestra la necropsia de un alienígena; pero hasta este momento no se ha corroborado la autenticidad de esta película.

[11] Acerca de la historia de la señora Howe, ver C.D.B. Bryan, *Close Encounters of the Fourth Kind*. Harmondworth. Penguin. 1966. pp. 102-125.

[12] Wallace describió esto al autor. IRD usó esta técnica en Chipre. Ver la referencia en la nota 7.

[13] Algunas de éstas son reproducidas en el libro de Paul Foot, *Who Framed Colin Wallace?*

[14] Bishop (ver nota 10) pp. 211-212.

[15] Daniel Brandt hace corta descripción del Instituto Crístico en: www.namebase.org/sources/LX.html. Un desarrollo más amplio se encuentra en: www.skepticfiles. org/socialis/contrarv.htm. El alegato del Instituto Crístico en contra del "equipo secreto", fue desechado por el primer juez al que se puso en consideración.

[16] Acerca de la historia de Carter ver *Untold Story. The Jimmy Carter* UFO *Agenda,* en: http://groups.yahoo.com/group/Skyopen/message/6618viscount.100

[17] La historia de Sheehan está en: www.ufomind.com/ufo/updates/2001/jul/m16-015.shtml

[18] Ver el propio reporte de la CIA acerca de esto; Gerald K. Heines, CIA*'s Role in the Study of* UFOs, *1947-90,* en: www.cia.gob/csi/studies/97unclass/ufo.html

[19] Vid. www.serve.com/mahood/lazar/lazarmn.html, donde se encuentra un amplio estudio de tipo escéptico respect de Lazar.

[20] De Dr. C. B. Scott Jones, UFOs *and new frontiers; connecting with the larger reality.* Este artículo me fue enviado por correo electrónico. Desconozco dónde fue publicado y no se encuentra en la red.

7. Teorías conspiratorias y conspiraciones

Respecto de la conspiración hay una interpretación que va por la derecha y otra por la izquierda. En términos simples, históricamente la derecha se ha interesado en conspiraciones que se perciben como formas de subversión de un orden natural o deseado. Se trata de "complots" en contra de la voluntad del pueblo, la constitución, el interés nacional, etcétera. En todo caso, se trata de conspiraciones *en contra del Estado*. La conspiración comunista, la de los banqueros judíos y la del Nuevo Orden Mundial son ejemplos de este tipo de teorías. Por otro lado, la izquierda liberal se interesa principalmente en las conspiraciones maquinadas *por el Estado*.

Cuando la fuente de interés son los grupos dominantes del Estado (derecha), la posición de izquierda se refuerza con los grandes escándalos estatales, como es el caso Irán-Contras, por ejemplo. Sin embargo, en la práctica, la derecha también proyecta un gran interés en estos escándalos, mezclado con la preocupación de que el orden pueda ser lesionado, no por la subversión, sino por la incapcidad o malicia de los propios representantes de dicho orden. Por otro lado, la izquierda suele mostrar un gran desinterés en aquellos temas que han sido "contaminados" por el interés de la derecha, como, por ejemplo, la masacre de la secta de los Davidianos por fuerzas federales en Waco, Texas.[1]

El renovado interés por las conspiraciones por parte de la izquierda liberal en los Esados Unidos comienza con el asesinato de Kennedy en 1963, continúa con los asesinatos de Robert Kennedy y Martin Luther King en 1968, y de ahí pasa a la guerra de Vietnam, después a Watergate con toda la secuela de revelaciones respecto de las acciones de la CIA y el FBI en ése y otros asuntos, la mayoría de ellos extremadamente complejos. Si alguien comenzara ahora una investigación acerca, por ejemplo, del asesinato de Kennedy, y dedicara a ella todo su tiempo, el sólo leer la literatura que existe sobre el tema le llevaría un año, y tal vez más.[2] Pero regresemos, brevemente, a 1963, y veamos por qué el asesinato de JKF, hace ya más de cuarenta años, no sólo fue algo de gran relevancia histórica, sino que abrió la época de las conspiraciones.

En 1963 prácticamete no existía el periodismo de investigación, pues la información destinada a la masa estaba coptada por la CIA y se dedicaba casi en exclusiva a difundir temas de propaganda negativa en contra de la Unión Soviética, dada la Guerra Fría.[3] La izquierda americana era muy débil, muy pequeña, y estaba infiltrada por el FBI y fuerzas policíacas locales.[4] Un teórico de la conspiración, el escritor Robet Anton Wilson, describe su experiencia de la siguiente manera:

*En 1960, en Chicago, yo me vi envuelto en un movimiento paci-
fista. Más tarde supe, por revelaciones de investigadores ligados al
Congreso, que se habían destinado más de 5 000 agentes para infiltrar
el movimiento sólo en la ciudad de Chicago. Algunos trabajaban
para el Buró Federal de Investigación (FBI), y otros para la Agencia
Central de Inteligencia (CIA), y otros más para los servicios de Inteligencia del ejército. A partir de 1968, el FBI echó a andar un programa,
cuyo nombre en código era COINTELPRO. El propósito fundamental de COINTELPRO era el hacer notar a los movimientos
pacifistas que estaban infiltrados, de manera que entre sus miembros se
produjera un estado emocional cercano a la paranoia y un clima
de inseguridad, sospecha y desconfianza de unos a otros, ya que los
individuos y los grupos tendían a cooperar en armonía. El trabajar
en un grupo pacifista en aquellos tiempos era como estar en el ambiente
de una novela de Eric Ambler. Recuerdo que en sólo una semana, fui
advertido de que alguno de los compañeros del grupo pudiera ser
agente del gobierno y, por supuesto, aquel que un día era acusado se
convertía en acusador al día siguiente. Pasados veinte años, yo todavía
no sé quién era agente y quién no.*[5]

En efecto, en 1963 prácticamente no existían grupos
contestatarios en los Estados Unidos; por lo que quienes
manejaban la comisión Warren, que investigaba el caso del
asesinato de Kennedy, asumieron que cuando se produjera
un largo reporte del caso, nadie lo leería y el asunto iría
perdiendo interés por el simple paso del tiempo. No se
podría afirmar que la famosa comisión hubiera sido una
charada, pero sin duda fue un proceso poco serio y esca-
samente comprometido con la verdad; el cuerpo de la evidencia fue reunido de manera casi azarosa en 26 volúmenes,
prácticamente sin organización ni estructura. Tal vez a

ninguno de los abogados que elaboraron este informe se les ocurrió que este documento llegaría a ser objeto de minucioso análisis. Uno de los miembros de la comisión, el antiguo jefe de la CIA Allen Dulles, dijo públicamente que el reporte solamente sería leído por algunos profesores. El tiempo demostraría lo equivocado que estaba. La edición de mil ejemplares del informe que produjo la comisión rápidamente se agotó, y muchos de estos volúmenes fueron adquiridos por simples ciudadanos que no confiaban en la imparcialidad de la Comisión. Una mujer realizó el primer trabajo de lectura crítica y elaboró un índice analítico. Inmediatamente se puso en evidencia la verdadera naturaleza de la Comisión.

La Comisión Warren y el equipo de abogados de hecho no habían emprendido la investigación abierta del asesinato, sino que su función había sido demostrar la teoría del "tirador solitario", es decir, reunir la mayor cantidad de pruebas respecto de la culpabilidad de Oswald. Ahora bien sabemos que la principal preocupación de la Casa Blanca en aquellos momentos era que el atentado fuese interpretado como parte de una conjura comunista, respondiendo a las presiones de los grupos anti-comunistas a ultranza dentro de los Estados Unidos, en particular la de los cubanos anti-castristas, quienes vieron que al dar ese sesgo al asesinato, se podría crear el ánimo propicio para una nueva invasión a Cuba por parte del ejército americano.

Sin embargo, durante las primeras veinticuatro horas después del atentado, el Abogado General de la Casa Blanca, Nicholas Katzenbach, decidió que era preferible desactivar ese clima de violencia anticomunista. En la memoria colectiva de la gente de Washington estaba presente todavía la crisis de los misiles de 1962, por lo que se manejó la identidad del presunto asesino en términos vagos y ambiguos, además de que, al leer las declaraciones y memorias de aquellos funcionarios del momento, no se percibe demasiado interés en aclarar el asunto, y mucho menos en el sentido de la "conspiración comunista". Finalmente, la identidad del asesino de Kennedy era una auténtica minucia, comparada con la posibilidad de que se recrearan las condiciones de enfrentamiento nuclear que se habían presentado en el 62.[6]

El organismo de investigación más importante del gobierno federal, el FBI, estaba muy satisfecho de que no se tuviera la intención de emprender una investigación seria, pues su imagen se vería lesionada al tener que manipular ellos mismos la información y caer en una gran cantidad de incongruencias, lo que los presentaría como incompetentes delante del público. Si hubiera sido demostrado que Oswald, pro-comunista, hubiera hecho el disparo por razones políticas, entonces se le hubiera podido reprochar al FBI su incapacidad para prevenir un atentado comunista precisamente en la persona del Presidente. Además, existe alguna evidencia de que Oswald era informante del FBI. Dede luego, el veredicto más conveniente era el del "tirador solitario", o por lo menos era la mejor solución desde la perspectiva política, pues de esa manera se evitaba derivar la culpabilidad a la Unión Soviética y crear un serio conflicto; pero también era una salida honorable para el FBI, pues ¿cómo podían ellos ser responsables de la acción de un loco?, y también cubría a otras agencias, incluyendo la

CIA, con la que Oswald había estado involucrado en algún momento de su azarosa carrera.[7]

En los magnicidios de los 60 – los Kennedy y King–, las fuerzas conspiratorias pretendieron sustituir el orden jurídico con soluciones políticas rápidas, y "hechas a la medida" de las circunstancias. Oswald fue culpabilizado de una manera tan precipitada y elemental que cuando se dio este veredicto él ya era hombre muerto. No se le podía permitir testificar en la corte, pues la rápida salida se hubiera complicado y tal vez, ante la presión, él hubiera revelado sus varias conexiones con los servicios de Inteligencia americanos.

La policía también se vio involucrada en al asesinato de Martin Luther King. Se dijo que James Earl Roy había vagabundeado por un tiempo por varias regiones, en algún lado había comprado un rifle, y finalmente se había instalado en un edificio cercano al lugar del crimen. El agente de seguridad destacado por las autoridades del Estado para proteger a King simplemente fue empujado y se produjo el disparo. El resto de la investigación fue fácil, la policía encontró el arma asesina y una gran cantidad de evidencias que inculpaban a James Earl Roy, convenientemente "escondidas" cerca de la escena del crimen... ¡Caso cerrado!

Todo mundo en Menphis estaba satisfecho; bueno, casi todo el mundo, pues el policía negro que había sido destacado para la protección de King no dejaba de preguntarse por qué había sido llamado por sus superiores un poco antes de los disparos. James Earl Roy, advertido de que muy probablemente le sería aplicada la pena de muerte en caso de ser juzgado y sentenciado, aceptó un trato y confesó plenamente su culpabilidad en al asesinato, así que no hubo necesidad de entrar en un largo y complicado juicio, donde se hubieran presentado y analizado una gran cantidad de elementos de prueba; tampoco hubo testimonio público del presunto asesino. En este caso, igual que en el de Kennedy, la investigación de las autoridades careció de seriedad.[8]

En el caso de Robert Kennedy, las cosas fueron llevadas de una manera mucho más sofisticada y espectacular; aunque no hay que perder de vista que el asesino actuó frente a docenas de testigos, con lo que este caso resultaba más claro, aunque también más perverso que el asesinato de su hermano. La autopsia de Robert Kennedy dejó bien claro que Robert había sufrido una herida de bala de índole mortal, cuyo orificio de entrada estaba justo bajo su oído; en su piel había quemaduras que evidenciaban que el disparo se había hecho a quemarropa, no más de cinco centímetros de distancia; pero he aquí la duda: según múltiples testigos, Sirhan estuvo todo el tiempo frente a Robert y nunca llegó tan cerca como para producir una herida de tales características. Así que no tardó en aparecer otro posible sospechoso, un hombre llamado Tane Cesar, quien había sido contratado recientemente como guardia de seguridad temporal y que estaba parado justo detrás de Kennedy cuando fue baleado. En una de las fotografías de Robert yaciendo en el piso de la cocina del hotel se puede apreciar la corbata de Cesar cerca del cuerpo. Cesar fue investigado, y por supuesto negó toda participación en el atentado, incluso pasó satisfactoriamente la prueba del detector de mentiras... si es que eso significa algo.[9]

Los veredictos oficiales siguen siendo que los culpables de los respectivos asesinatos fueron Oswald, Ray y Sirham; aunque en el caso de JKF, en 1977, un organismo de la propia Casa Blanca (*House Select Commitee of Assassinations*) se alejaron un poco de la teoría oficial y declararon que existe la posibilidad de que John F. Kennedy haya sido víctima de una conspiración, lo que ahora suena tibio, pero en 1963 una declaración de este tipo hubiera sido demasiado inquietante, en realidad, en aquellos tiempos el americano promedio necesitaba una dosis muy baja de persuación para aceptar la versión oficial del "asesino solitario", que fue el tajante veredicto en el caso de JFK. En los otros casos el problema era aún menor, Ray confesó y Sirham fue visto disparando a Robert Kennedy.

Estos tres atentados obligaron a las fuerzas policíacas a redefinir tanto sus funciones como sus relaciones con los grupos de poder, y en esa circunstancia todo mundo entendió que lo mejor era no hacer demasiadas preguntas. Sin duda, uno de los acontecimientos políticos más importantes de la posguerra en los Estados Unidos fue el hecho de que el partido demócrata perdió a dos de sus figuras más carismáticas y, lo que tal vez sea más signficativo, no quisieron, o no pudieron hacer gran cosa para que los crímenes fueran aclarados por medio de una investigación imparcial.

Sin embargo, grupos privados de investigadores se avocaron al caso JFK, completamente al margen de la Comisión Warren, y, con una actitud crítica, fueron analizando el reporte sección por sección, hasta obtener una visión distinta del caso. Pero lo que resulta más importante de este proceso es que con esta actitud privada se fue creando una cultura crítica en la sociedad americana y una mayor conciencia acerca de la verdadera naturaleza de la política y de la historia de los Estados Unidos a partir de la posguerra. De manera natural, esto condujo la atención del público hacia el cuestionamiento del papel jugado en la realidad por las grandes organizaciones policíacas y de Inteligencia, en especial de la CIA, que durante mucho tiempo había permanecido cómodamente en el secreto. En esta perspectiva comenzó a gestarse el descrédito de la Comisión Warren, y diez años más tarde, en 1973, con el caso Watergate, la mayoría de los ciudadanos dejaron por completo de creer en la Comisión en particular; pero mucho más que eso, ahora pensaban que su gobierno era capaz de casi cualquier cosa. Sin duda, los miles de cadáveres de jóvenes americanos que llegaban de Vietnam ayudó a crear ese clima de desconfianza.

El asesinato de Kennedy me dio a mí y a mucha gente en el mundo los lentes adecuados para estudiar la política americana. Esta nueva visión resulta del hecho de que el presidente de la mayor potencia del mundo es baleado en plena calle a la luz del día y el cuerpo político —sus colegas— no se muestra dispuesto a que surja la verdad. Es cierto que, en parte, esta actitud se explica por la fuerte contradicción que existía en esos tiempos con la Unión Soviética, lo que indujo a Washington a crear y defender el mito del "tirador solitario", lo que, desde un principio, fue desacreditado por los investigadores no oficiales. Como es éste el punto central y atendiendo a su significado, ha quedado como un hito histórico: El 22 de noviembre de 1963 terminó la "Edad de la inocencia" para la gente en los Estados Unidos; el "Sueño americano" se disipó y comenzó la época del sentimiento conspiratorio.[10] Es por ello que el tronido de las balas aquel día en Dallas sigue resonando en los oídos del público norteamericano.

La creencia en conspiraciones puede ser algo perfectamente razonable y no necesariamente el producto de una imaginación paranoide. Si este pequeño libro contiene un mensaje es precisamente ése. Pero, como se muestra en el asesinato de Kennedy, no existe la conspiración única y totalizadora; lo que normalmente sucede es la confluencia de muchas conspiraciones pequeñas que configuran un amplio fenómeno; algunas de ellas se complementan, pero otras se contraponen. Se han documentado contactos y relaciones de Lee Harvey Oswald con la CIA y el FBI, y sus actividades condujeron a serias investigaciones acerca de operaciones de espionaje y contra-espionaje que realizan estas dos grandes organizaciones, de las cuales tanto el público como el propio sistema político, en sus niveles administrativos, eran totalmente ignorantes antes de 1963. Un claro ejemplo es el COINTELPRO, dependiente del FBI, que realizó muchas operaciones en contra de la izquierda americana sin que nadie se enterara de ello. Las reconocidas relaciones de Oswald con el comité de "nuevo trato" con Cuba, con sede en Nueva Orléans, probablemente –aunque todavía no "evidentemente"– formaron parte de las actividades de la COINTELPRO en contra de la tendencia de "juego limpio" con Castro y Cuba.

Jack Ruby fue informante del FBI a principios de los cincuenta y fue contacto entre el crimen organizado y la policía de Dallas. Existen investigaciones, no del todo serias, que se produjeron en la oleada de 63-64, que relacionan a Oswald y Ruby con la todavía secreta guerra que se libraba en contra de Cuba desde Miami, atando cabos de la posible alianza anti-Castro formada por la CIA, la Mafia y el COINTELPRO. Cuando Ruby mató a Oswald, todas esas organizaciones tenían razones para esconder sus relaciones con ambos hombres. Ya nadie duda que el asesianto de Kennedy fue producto de una conspiración, pero fueon muchas más las conspiraciones después de su muerte que se operaron para ocultar la verdad y tergiversar las investigaciones en diversos sentidos, algunos de ellos totalmente ajenos a la originaria conspiración que llevó a cabo el asesinato. Tomó muchos años a los equipos de investigación el ver sobrepasada la primera intención de análisis, que era el desentrañamiento de la cubierta de la conspiración, para tomar el cauce de la investigación misma. Ciertamente hubieron muchas formas de encubrimiento, de manera que se oscureció incluso el *Cui Bono* (¿a quién beneficia?), pues tanto la muerte de Kennedy como la de Oswald podían beneficiar a muchas fuerzas políticas de los Estados Unidos, y no necesariamente con el mismo patrón de intereses.

La observación acerca de la naturaleza y significación de las formas de encubrimiento burocrático, especialmente las que fueron maquinadas por la CIA y el FBI, presentaba grandes dificultades a causa de lo intrincado del asunto; pero no solamente eso, sino que en este caso no puede suponerse con sencillez que una actitud de encubrimiento es necesariamente motivada por culpabilidad. Lo mismo podía decirse de la hipótesis de que los atentados –aparentemente terroristas– del 11 de septiembre son en realidad el producto de conspiradores americanos y no de Al Qaeda. Se dice que la investigación ha procedido de forma inadecuada, que está llena de inconsistencias y signos de ser una cobertura. Pero la experiencia aquirida en el caso Kennedy y los subsiguentes atentados, muestan que las investigaciones oficiales son siempre inadecuadas, que los objetivos de tales pesquisas son variados y que van desde la evitación de la crítica a los propios investigadores, hasta el cubrir las espaldas de grupos burocráticos estatales o personas involucradas. No se puede perder de vista que las investigaciones oficiales son procesos políticos y que generalmente los personajes políticos están poco interesados en la verdad.

¿Una cultura de la conspiración?

Al principio del capítulo anterior yo he sugerido que la izquierda liberal estaba interesada en las conspiraciones promovidas por el Estado, y que la derecha conservadora estaba más interesada en las conspiraciones en contra del Estado. Esta distinción me parece llena de sentido, pero estas categorías ya no pueden sostenerse con la misma nitidez con la que yo mismo hice en 1996, cuando comencé la argumentación que daría lugar a la primera edición del presente libro. Actualmente existe un número creciente de personas que escriben en los campos de la teoría conspiratoria y la investigación acerca de las conspiraciones, y sería difícil identificar la filiación política de muchos de ellos; existen algunos que, aparentemente, son solamente –y auténticamente– teóricos de la conspiración. Hace algunos años, la revista *Steamshovel*, que comenzó como una publicación de tendencia de izquieda, e incluso anarquista, anunció en el nuevo portal de su sitio de Internet "pura conspiración, nada de teoría". Actualmente hay muchos escritores de tan difícil clasificación como Jonathan Vanakin, autor de *Conspiracies, Cover-ups and Crimes* (Conspiraciones, coberturas y crímenes), que es quizá el mejor libro-guía en este campo; o Tony Gosling, un magnífico investigador que se ha especializado en el grupo Bilderberg, que incluye en sus trabajos un conjunto de puntos de vista cristianos. Otro ejemplo de investigación desafiliada es el sitio www.rense.com, considerado en 2005 el sitio no comprometido más importante para el análisis de las conspiraciones en los Estados Unidos. No se puede encontrar nada que pudiera identificarse con la izquierda en *rense.com* y mucho de su contenido, como el Nuevo Orden Mundial ha sido tradicionalmente asociado con la derecha; aunque el punto de vista de esta publicación revela un escepticismo de fondo y la búsqueda de objetividad. Por otro lado, actualmente se puede percibir que una parte de la derecha política se identifica con los planteamientos de la izquierda identificando al Estado como una de las principales entidades conspiratorias. En la primera edición de este libro, en 2000, yo vertí la opinión de que era improbable que se llegara a producir una corriente totalmente neutral respecto de la teoría conspiratoria, es decir, una "cultura de la conspiración"; actualmente no estoy tan seguro de la validez de aquella aseveración.

Otro cambio importante que se ha producido en la pasada década —a partir del Internet— ha sido la aparente declinación de la teoría de la conspiración judía; aunque se podría objetar que sigue vigente en el Medio Oriente, pero esto no es propiamente una idea conspiratoria, sino una realidad bélica, y la posible derivación en una teoría conspiratoria es a causa del apoyo americano a Israel. En el mundo de habla inglesa, en parte a causa de la aparición de nuevos mitos (aliens, abducciones e Icke, por ejemplo), la conspiración judía se ha convertido en una teoría secundaria, funcionando como apoyo o complemento de otras que se ofrecen constantemente en el mercado libre de ideas y creencias de los países angloparlantes. En los conteos de acceso a los sitios de Internet, se puede apreciar que la conspiración judía ha perdido mucha popularidad en los últimos años. Para los jóvenes la palabra "conspiración" ya no se asocia con las cámaras de gas de los campos de concentración de los nazis.

Según los datos que pude obtener del servidor Google, en septiembre de 2005, los sitios más visitados en lo referente a conspiraciones nos pueden proporcionar un índice de interés actual, y son los siguientes:

▷ Nuevo Orden Mundial 14 700 000

▷ Control mental 7 010 000

▷ Torres Gemelas 5 710 000

▷ CIA 2 770 000

▷ Judíos 2 420 000

▷ JFK 1 030 000

¿Acaso el lector hubiera podido predecir que el "rating" de la conspiración judía estuviera por debajo del de la CIA?..., ciertamente yo no.

Otra cosa importante de este *hit parade* de Google es el gran interés que se revela en lo referente al atentado a las Torres Gemelas y al tema del control de la mente. Por supuesto yo solamente he podido consultar una infinitesimal proporción de la información contenida en esos sitios, pero a ojo de pájaro se puede ver que en los artículos que se refieren a los temas que ocupan los primeros lugares subyace la teoría de que todo proviene de los gobiernos, hablando de las democracias occidentales. Prácticamente en todos los textos se sugiere que es el Estado el que experimenta y ejecuta las acciones de control mental y que de alguna manera el gobierno de los Estados Unidos produjo, o al menos permitió, la destrucción de las Torres Gemelas.

Actualmente es la red de Internet el sistema nervioso de la moderna comunicación. El hecho de que el propio gobierno americano utilice la red para prevenir al público acerca de las campañas de desinformación es una prueba de ello.[11] El problema para el Estado es que la red disemina la información con una gran velocidad, lo que hace difícil para las agencias gubernamentales el control de las percepciones de la gente a nivel masivo, como antes hacía. Las campañas de desinformación planeadas por Inglaterra y los Estados Unidos en el sentido de la peligrosidad del desarrollo de armas nucleares en Irak, en preparación del camino para la invasión, fueron inmediatamente captadas y desmanteladas por la gente usando la red. Es interesante señalar que apenas veinticuatro horas después de los atentados del 11 de septiembre ya se encontraban en la red artículos que sostenían la teoría de que el propio gobierno americano lo había planeado todo; la frase que se utilizaba era *American Reichtag Fire**. Uno de los primeros apoyos de la teoría conspiratoria respecto del 11 de septiembre fue el comentario de un experto en demoliciones, quien declaró que la manera como se desplomaron las torres parecía el producto de una demolición controlada, lo que se publicó en el *Albuquerque Journal* de Nuevo México el mismo día del ataque; al día siguiente ya estaba en la red a disposición de todo el mundo, hablando literalmente.[12]

Los atentados del 11 de septiembre han sido la gran enchilada** de las actuales teorías conspiratorias. Pocos días después del evento, Anthony Frewin, al igual que yo, un estudioso de la información acerca del asesinato de Kennedy, ha dicho que el 11 de septiembre sería para la presente generación lo que había sido para la nuestra el asesinato de Kennedy; sería la semilla para toda una generación de investigadores en el campo de la conspiración. Ciertamente es válida esta aseveración, aunque yo distingo dos grandes diferencias. Kennedy era solamente un político, y el matar políticos no es del todo inusual en los Estados Unidos. En el caso del 11 de septiembre, lo que argumentan los teóricos

---

* *En su ascenso al poder, los nazis pegaron fuego al edificio del Congreso alemán (Reichtag), dejando toda clase de evidencias que hacían ver a los comunistas (supuestamente títeres de los judíos) como culpables. N del T.*

** *En español en el original. N del T.*

es que las autoridads americanas –en niveles no especi-
ficados– sabían que el ataque se realizaría y lo dejaron co-
rrer, o bien que fue organizado en su totalidad por ellos
mismos. Cualquiera de estas teorías es de una envergadura
tal que no se puede comparar con el caso Kennedy.

La segunda diferencia entre lo de ahora y lo de 1963 es
la existencia de Internet. Si comparamos la informática
actual con la que se manejaba en el tiempo de Kennedy
comprenderíamos la gran diferencia respecto de las posi-
bilidades de especulación que actualmene se pueden producir en un tiempo impensable antes. La información por
medio de la red no sólo es producto de periodistas o investigadores profesionales, existe un ejército de voluntarios que
reproducen, sintetizan y difunden información; casi
cualqueir evento de cierta relevancia es inmediatamente
convertido en un alud de información disponible. En el
tiempo del atentado a Kennedy los críticos tuvieron que
esperar que se publicara la versión oficial de los hechos
por parte de la Comisión Warren, lo que ocurrió un año
después, analizar la información, escribir la propia opinión
y esperar que los medios la publicaran, ya fueran artículos
o libros. Los escépticos de la versión oficial no pudieron
publicar antes de 1966, y la mayoría de los libros importantes al respecto datan de mediados de los setenta, lo que
ya se empalma con el caso Watergate. En comparación,
apenas nueve meses después del 11 de septiembre, en junio
de 2002, existían 43 300 datos, noticias o artículos en el
servidor Google; los analistas del 11 de septiembre hicieron
en una semana lo que tomó tres años a los que se ocuparon
del caso Kennedy. Después de casi 40 años de producción

de literatura de JFK (cientos de libros, millones de páginas de documentos desclasificados, cientos de sitios de red), la información es demasiado cuantiosa para ser manejable, y lo mismo ha ocurrido con la información del 11 de septiembre, sólo que esto ocurrió en *seis meses*. En septiembre de 2005, el mismo servidor Google produjo más de cinco millones de hits... ¿Se podría hacer una investigación *exhaustiva* del tema?

Sin embargo, en otro aspecto, el asesinato de Kennedy y el 11 de septiembre son similares: Aunque los analistas pudieran presentar evidencias incontrovertibles de que se trató de conspiración y posterior encubrimiento, como realmente se hizo con el caso Kennedy, queda como un enorme segundo paso el persuadir al sistema político y a los medios de que se debe investigar en un sentido judicial y abrirse los procesos pertinentes para castigar a los culpables. Casi cuarenta años después de la muerte de JFK no se ha logrado la suficiente voluntad política para actuar judicialmente, y respecto del 11 de septiembre, a pesar de las grandes presiones de los escépticos de la versión oficial, solamente un político americano de cierta jerarquía, un congresista negro, ha mostrado interés público de iniciar un proceso de investigación oficial en el sentido de la posición escéptica. Por lo visto, habría que esperar otros cuarenta años para que madure el caso del 11 de septiembre y pudiera iniciarse un proceso judicial.

Comentarios finales

Las teorías conspiratorias atraen a grupos e individos por diferentes motivos. Ellas proveen material barato y seguro para programas de televisión. Estudios serios, o el periodismo de investigación, son materiales caros para las cadenas televisivas y además pueden presentarse problemas legales. Las teorías conspiratorias pueden siempre ser presentadas como "X *piensa* Y", en vez de "X *hace* Y". Esta clase de propuestas son la opción "blanda" para los comunicadores en general, no sólo para los productores de televisión. La presentación de teorías conspiratorias no requieren del auditorio otra cosa que sentarse y recibir la puesta. Algunas teorías incluso presentan elementos eróticos –Lady Di; Marilyn y JFK–, se trata de biografías con elementos emocionantes que además dejan lugar para el misterio y la especulación; en muhos casos se puede apelar a ciertas fantasías de monstruosidades emocionantes o manejar el lado sensible de la política, presentando como apolítico un caso para despertar pasiones partidistas en los espectadores.

El éxito comercial de la película de Michael Moore *Farenheit 9-11*, provocó una nueva horneada de teorías conspiratorias, pero despertando una cierta idignación en los espectadores, presentando las cosas con un cierto tono de mito, lo que produce una sensación de rechazo por parte de los liberales americanos, que detestan los mitos, a pesar de que fomentan la creencia en las conspiraciones estatales. Un conocido escritor izquierdista americano, Norman Solomon, escribió lo siguiente:

...[el conspiracionismo] *estimula en la gente el espectro de poderes diabólicos en vez de las condiciones de la realidad, manifestadas en estructuras e instituciones que son el producto de factores sistémicos.*

Respecto del 11 de septiembre, dice Chip Berlet, del Organismo de Investigación Política:

Las personas que disfrutan injustamente de poder y privilegio generalmente buscan la manera de permanecer en condiciones de poder y privilegio. Algunas veces hacen planes que no son conocidos públicamente. Algunas veces se involucran en complots. Han existido conspiraciones reales a lo largo de la historia; sin embargo, la historia en sí misma no es movida por los mecanismos de la conspiración. La gente poderosa y los grupos sociales, no se constituyen en "células secretas" o "elites ocultas"... la idea misma de la conspiración, el conspiracionismo, dificulta los intentos de movilizar a la sociedad para lograr auténtica justicia social, bienestar económico, igualdad, paz y democracia.

En otras palabras, las teorías conspiratorias son una forma de distraer a la gente y crearle una especie de falsa conciencia. Es claro que, en cierto sentido, esto es verdad. Aquellos que están fascinados por las abducciones de los extraterrestres probablemente no se enfrasquen en la lectura de Marx (o Chip Berlet). Pero en su deseo de reencaminar nuestro pensamiento hacia un izquierdismo decente y respetable –"justicia social, bienestar económico, paz y democracia"– Berlet y Solomon no toman en cuenta importantes diferencias respecto de las teorías conspiratorias: las "grandes conspiraciones", la creencia en que "los eventos importantes de la historia son el producto de conspiraciones", los "grupos secretos", las "elites ocultas" o "el espectro de podres diabólicos" no son la misma cosa. La noción de grupo secreto fue usado por primera vez por un oficial del ejército americano, Fletcher Prounty, en un contexto específico: él supo y constató la existencia de un grupo así dentro de la CIA. Otras personas o grupos, por ejemplo el Instituto Crístico, durante la administración de Reagan, se han percatado de cosas similares. En la Policía Metropolitana de Londres se ha sabido de grupos de oficiales corruptos, uno de ellos descubierto en 1979, al que se llamó "La Firma dentro de la Firma". Un "grupo secreto" es algo bastante lejano del concepto tradicional de "sociedad secreta". En Italia, en los ochentas, el grupo masónico P2 funcionaba más como un grupo secreto que como una miestriosa sociedad secreta. Respecto de las "elites ocultas", ciertamente muchos grupos de gente poderosa prefieren mantenerse ocultos (Bilderberg, Bohemian, Le Cercle, etc.), lo que no les da el caracter de clubes o cosa parecida.

Berlet, Solomon *et al* están intelectual y políticamente equivocados, su visión de la intrascendencia de los grupos conspiratorios es simplemente un error. En vez de denostar a los teóricos de la conspiración atribuyéndoles una falsa conciencia, sería mejor que tomaran la realidad en su verdadera condición de complejidad, rescatando del pensamiento conspiratorio aquellas áreas de racionalidad que sin duda tiene e incorporar en sus análisis la influencia real de grupos conspiratorios que siempre han existido y sin duda operan eficazmente para configurar la fisonomía de la política americana. En realidad no existe una contradicción intrínseca entre el estudio de la inequidad estructural de las democracias occidentales y la teoría conspiratoria, que forma parte de la explicación de tales circunstancias. Sin duda se trata de puntos de vista complementarios.

Las conspiraciones en política son cosa de rutina y no dejan de serlo por el hecho de que no concuerden con un modelo de interpretación histórica en el que no tienen cabida. Por otro lado, el descalificar a la gente que se dedica al análisis de las conspiraciones como parte de la realidad política es una herramienta útil para los propios mecanismos de poder que mantienen la desigualdad.

La importancia de las conspiraciones, no de las *teorías acerca de la conspiración* es de índole política, por lo que el discernimiento de aquellas conspiraciones que proceden del Estado es de gran importancia para la comprensión de la política real y de los efectos de ella en la sociedad. Las creencias en OVNIS, extraterrestres y abducciones que aparecieron con gran intensidad en los noventa, es también parte de la realidad social, y ciertamente fascinante como objeto de estudio, pero nada tiene que ver con hechos mucho menos emocionantes, como caso de la conformación del gabinete de Tony Blair, cuando llegó al poder por primera vez, en 1997, cuando cuatro miembros importantes de su gobierno formaban parte de ciertos grupos que, sin ser secretos, nadie sabía nada de ellos y jugaron un papel decisivo en dicho gobierno, así que estamos hablando de una forma de conspiración.

Yo sospecho que los grupos de poder *de facto* estarían muy satisfechos si nos concentramos en las teorías conspiratorias del tipo Ovnis-extraerrestres-abducciones, en vez de, por ejemplo, las relaciones "discretas" que se dan entre miembros del gobierno, de las finanzas y los militares, que se producen en ámbitos ciertamente conspiratorios. Lo demás es meramente distracción.

NOTAS

[1] Del columnista americano Alexander Cockburn:

A partir de entonces podemos encontrarnos con personas que dedican una buena parte de su tiempo a actividades encaminadas a salvar a Mumia abu Jamal a quien en realidad le importa un comino la secta de los Davidianos y su terrible enfrentamiento con fuerzas del gobierno. Cuando se usa la palabra "culto", de inmediato entran en receso tanto la razón como el juicio moral.

De *Waco and the Press,* en *Counter Punch* (USA), septiembre 8 de 1999.

[2] El mejor libro acerca del asesinato de Kennedy sigue siendo el de Anthony Summers, *The Kennedy Conspiracy*; la última edición del mismo es de Warner Books, Londres, 1998. Este es el mejor material para empezar el estudio del caso.

[3] Yo no sé de algún libro que trate el caso en particular; pero se puede consultar el artículo de Carl Berstein, *The CIA and the Media,* en *Rolling Stone,* del 20 de octubre de 1977.

[4] Acerca del Comité Eclesiástico de Cointelpro se puede acceder a: www.icde.com/paulwolf/cointelpro/churchfinalreportIIIa.htm. Acerca de la represión del FBI a la izquierda americana, ver Athan Theoharis y John Cox, *The Boss: J. Edgar Hoover and the Great American Inquisition.* Londres. Harrap. 1989.

En el sitio www.crunch.com/01 se encuentra una gran cantidad de expedientes desclasificados del FBI.

[5] Tomado de la introducción de Wilson al libro de Donald Holmes *The Illuminati Conspiracy - The Sapien Sistem.* New Falcon Publication, 655 East Thunderbird Phoenix, Az. 85022.

[6] Este autor cree que, según evidencias recientes, el asesinato de JFK fue organizado por el equipo del vicepresidente Johnson, para encubrir una serie de actos de corrupción en los que habían participado. Ver Robert Ramsay, *Who Shot JFK?*

[7] Aquí se habla de Oswald como un individuo, aunque existe evidencia que hace pensar que hubieron dos "Oswalds". Acerca de esto se puede consultar, John Armstrong, *Harvey and Lee.* Arlington, Texas. Quasar. 2003. A pesar de todos los inconvenientes de la publicación "de autor" es éste un libro fascinante, aunque es un volumen de mil páginas. Una versión mucho más corta se puede encontrar en la red, buscando "John Armstrong+Oswald".

[8] Vid. William F. Pepper, *Orders to Kill: the truth behind the murder of Martin Luther King.* (Nueva York. Carroll and Graf. 1995), o las apostillas a este libro: *An Act of State.* Londres. Verso. 2003. En diciembre de 1999, Pepper y la familia King iniciaron un juicio civil bajo el alegato de conspiración en el caso del asesinato de Martin Luther

King. De hecho, el jurado determinó que en efecto el asesinato era producto de una conspiración. El reporte de este jucio se encuentra en: www.washingtonpost.com/ wp-srv/aponline/19991208/aponline182559_000.html. En el citado *Act of State* se presenta un sumario de este juicio.

[9] Respecto del asesinato de Robert Kennedy y la intervención de Cesar, ver Dan Moldea, *The Killing of Robert F. Kennedy*. (Londres. W. W. Norton, 1995). Después de argumentar de manera impecable, en una primera parte del libro, que se trató de una conspiración, en la parte final Moldea llega a la conclusión, exclusivamente con base en la prueba del detector de mentiras, que Cesar es inocente, y que no son de considerarse las pruebas forenses ni las declaraciones de los testigos.

Las pruebas del *polígrafo* se consideran de escaso valor científico. Para obtener información acerca de esto se puede consultar: www.nopolygraph.com. También se puede consultar el libro de Davit T. Lykken, *A Tremor in the Blood: Uses ans Abuses of the Lie Detector* (Plenum Press, 1998). En este libro se aportan datos que permiten descalificar por completo al polígrafo como prueba judicial. El capítulo 15 puede ser leido en: www.nopolygraph.com /chapter.htm

[10] Con eso no se pretende sugerir que antes de 1963 no hubiese crítica radical, *no* izquierda y *no* periodismo investigativo; pero su incidencia era mucho menor que ahora.

11 Vialls murió en julio de 2005. Diez años antes, Vialls y yo tuvimos intereses comunes en el campo del control mental. Posteriormente él se movió hacia áreas más ligadas con la fantasía y la especulación acerca de grandes áreas sociopolíticas.

12 Un ingeniero estructural explica por qué las torres se desplomaron de la manera como lo hicieron, en: www.pbs.org/wgbh/nova/wtc/collapse.htlm>

TÍTULOS DE ESTA COLECCIÓN

Alquimia y alquimistas.
Sean Martin

El Santo Grial.
Giles Morgan

Jack el Destripador.
Whitehead & Rivett

Las cruzadas.
Michael Paine

Las sociedades secretas.
Nick Harding

Los caballeros templarios.
Sean Martin

Los cátaros.
Sean Martin

Los gnósticos.
Sean Martin

Teorías de conspiración.
Robin Ramsay

Impreso en los talleres de
Trabajos Manuales Escolares,
Oriente 142 No. 216
Col. Moctezuma 2a. Secc.
Tels. 5 784.18.11 y 5 784.11.44
México, D.F.